広島県青年神職会　創立70周年記念誌

写真でみる
広島の神社

広島県青年神職会　編著

南々社

広島県青年神職会　会長
久《く》保《ぼ》田《た》　峻《しゅん》司《じ》

写真の持つ力に想いを託して

皆さまは広島県にどのくらいの数の神社があるか、ご存じでしょうか？　明治時代に神社の合祀などにより数が減少しましたが、現在でも約3000社の神社があり、長い歴史の中で地域の人々の信仰の中心として大切にされてきました。

さて、広島駅に程近い二葉の里に鎮座する広島東照宮で、私は神職を務めています。広島東照宮は昭和20（1945）年の原爆で、檜皮葺《ひわだぶき》の本殿・拝殿は全焼し、唐門・翼廊など瓦葺の建物は、損傷のみで焼失は免れました。私は境内にある家で生まれ育ちましたが、祖父の被爆体験を聞いてはいたものの、再建後の神社を見て育ったため、原爆の痕跡を境内で感じることは、ほとんどありませんでした。

数年前、境内の蔵で被爆前の広島東照宮の写真を見つけました。白黒ですが、「観望の美麗なるは、毛利氏広島に築城以来、第一のもの」と『芸藩通志』で評されたことも納得できる厳かな雰囲気で、しばらく見入ってしまうとともに、「実物を見たかった」「原爆がなければ」といった思いが胸に込み上げました。

それからしばらく写真のことが頭から離れませんでしたが、そのような中で文字や絵とは異なり、事実を細部までそのままに表し、見る人の想像を膨らませる写真の持つ力というものを感じるようになりました。ほかの神社にもそれぞれの歴史があり、古い写真からさまざまなことが思い起こされるはずだという想いから、この写真集の作成に至りました。

この写真集には、原爆や戦災により現在と姿が異なる神社、面影を残す神社、戦前からほとんど姿の変わらない神社、歴史的著名人が写った神社などが収められており、そこに写る人々の様子からは当時の世相を感じることができ、当初の想像以上に内容の濃い本になりました。広島県の神社の深い歴史と、写真一枚一枚の背後にある物語に思いを馳せていただければ幸いです。

むすびに、写真集の発行にご協力をいただいた県内宮司の皆さまをはじめ、関係各位に心から感謝申し上げます。

令和6年11月吉日

広島県神社庁　庁長
吉川《よしかわ》　通泰《みちやす》

次代へ伝えていきたい信仰のこころ

広島県内の次代を担う若い神職で結成された広島県青年神職会は、このたび、会の創立70周年を記念し、県内の神社に残る古い写真と現在の神社の姿を比較掲載した『写真でみる広島の神社』を発刊いたしました。

明治の半ば、写真が一般に普及して百数十年、技術の進歩は、アナログ写真からデジタル写真へと変わり、日々多くの写真が撮られ、多くの神社がその被写体として記録されております。

創建当時の姿を色濃く残す神社、戦災などにより不慮の損害を被ったものの、神社関係者、氏子《うじこ》ご崇敬の皆さまの努力によって復興し姿を一新した神社など、一見昔から変わらぬと思われる見慣れた社頭風景も、わずかの間に知らず知らずに変化しています。

今を生きる私たちの日常もやがて懐かしいものとなります。しかし、先祖より受け継いだ、神を敬い自然を畏れ、祖先に感謝し謙虚に生きるという神社信仰のこころは、次代へも伝えていきたいものです。

ふるさとへの愛着心は、郷土の歴史や、その地域の生活の重要な一部でもあり、長く大切に守り伝えてきた神社の歴史を知ることで、その思いがより一層増すことと思います。

少子高齢化、過疎化により人口が減少するなか、この記念誌が敬神のこころや郷土への誇りを一層呼び起こす機会となり、神社の尊い歴史、神々を敬い神々に護られながら暮らしてきた生活、人々の信仰を後世に伝える一助となりますよう念願いたしております。

令和6年11月吉日

広島県青年神職会
創立70周年記念誌
写真でみる広島の神社

もくじ

広島県西部エリア（45社）

広島県東部エリア（30社）……113

※2ページ紹介、1ページ紹介の中で、それぞれ「広島市エリア」は区ごと、「広島県西部エリア」「広島県東部エリア」は市町ごとの五十音順で、掲載しています。なお、本書に掲載の情報は、2024年11月現在のものです。

用語解説

相殿（あいどの）	同じ社殿に複数の神様をお祀《まつ》りすること
御旅所（おたびしょ）	祭礼で、御祭神が巡幸するときに、一時的に神輿《みこし》を鎮座しておく場所
勧請（かんじょう）	元の神社から神様を別の場所に招いて、新たにお祀りすること
御神幸（ごしんこう）	遷宮や例祭で、御祭神が神輿などにのって、新宮や御旅所へ渡御すること
斎行（さいこう）	宗教的な儀式や行事を厳粛に行うこと
社殿（しゃでん）	神社の建造物の総称
社頭（しゃとう）	社殿の前
摂社（せっしゃ）	本社に付属し、その御祭神と縁故の深い神様をお祀りした神社
遷座（せんざ）	御神体をほかの場所へ移すこと。奉遷《ほうせん》ともいう
創祀（そうし）	神様を最初に祀ること。神社の起こり
渡御（とぎょ）	神様がのった神輿や山車《だし》が、氏子《うじこ》の手により、氏子地域を巡ること
拝殿（はいでん）	参拝者が神様に拝礼をする建物
幣殿（へいでん）	神様にお供え物をするための建物
幣帛（へいはく）	神前に捧げる供物
奉斎（ほうさい）	神仏などを慎んで祀ること。身を清めて祀ること
本殿（ほんでん）	御祭神（神霊）や御神体が祀られている建物
棟札（おなふだ）	建物の建築・修繕等の記録として、棟木《むなぎ》・梁《はり》などの建物内部の高所に取り付ける木の札

特別企画

明治・大正・昭和の神事・祭礼

例祭の様子（昭和 12〈1937〉年）
出征兵士慰安葉書として撮影。写真中央右側に忠魂碑が写っています。この年は大名行列を行いましたが、昭和 13、14（1938、1939）年は支那事変で中止になっています（重松神社、東広島市安芸津町）

明治

神社は、古くから地域のよりどころとして、人々が集まる、祈りの場であり続けてきました。
　明治から大正、昭和にかけて、日本は激動の時代を迎えます。近代化が徐々に進み、日清・日露戦争を経て、先の大戦へと突入。そして、終戦。
　世相が変わっていくなか、神事や祭礼はどのように行われたのでしょうか。
　残された貴重な写真には、その時代の空気感が写し出されています。

末社拝殿の地鎮祭
（明治時代後期）

伏見稲荷神社より分祀し、恵比須神社を建立した際の写真。斎主は横田光蔵宮司
（吉浦八幡神社、呉市吉浦町）

竣工祭
（明治40〈1907〉年）

日清・日露戦争が終わり、町民挙げての新社殿造替で、榊山全山の木々が造営に利用され、植林事業（檜・杉・松）により、現在の境内林ができました
（榊山八幡神社、東広島市安芸津町）

大正

禊《みそぎ》
（大正時代）

大頭神社の妹背の滝に、県下の神職が集まって禊を行った際の一枚
（大頭神社、廿日市市大野、
写真提供：吉浦八幡神社）

例祭の宮入
（大正時代）

古くから続く和船建造技術は、近代造船業に結びつき、大正時代は商工業も繁栄。大山神社の祭礼は近島随一の規模を誇っていました
（大山神社、尾道市因島土生町）

明治27～28（1894～1895）年
日清戦争
明治37～38（1904～1905）年
日露戦争
大正3～7（1914～1918）年
第1次世界大戦

昭和

戦前

浦安の舞
（昭和15〈1940〉年）

皇紀2600年にあたり、4人の舞姫を氏子より募り、奉祝の舞として「浦安の舞」が本装束（「水龍」蔵元 中野光次郎氏寄贈）で、楽太鼓、篳篥（ひちりき）、箏、唄の生演奏により奉奏されました（吉浦八幡神社、呉市吉浦町）

例祭での大名行列
（昭和15年）

例祭で行われる特殊神事。昭和13、14年は支那事変で中止になった大名行列ですが、皇紀2600年にあたるこの年は行われました（重松神社、東広島市安芸津町）

報國神社竣工祭
(昭和18〈1943〉年 5月30日)

境内社乙神社を改修し、村内の御英霊を祀る招魂社（現報国神社）としました。多くの伶人（雅楽の演奏者）・舞姫も奉仕し、御盛儀にて竣工祭と慰霊祭が斎行されました
（大頭神社、廿日市市大野）

戦中

俵神輿《たわらみこし》の秋祭り （戦時中）

一部の若者は軍服姿での参加。なんとなく異様な雰囲気で祭りが行われた様子がうかがえます
（臼山八幡神社、広島市佐伯区）

昭和6（1931）年
満洲事変

昭和12（1937）年
支那事変（日中戦争）勃発

昭和13（1938）年
国家総動員法公布

昭和14（1939）年
第2次世界大戦勃発

昭和16（1941）年
日米開戦

昭和20（1945）年
終戦

戦中の結婚式
(昭和19〈1944〉年4月)

神田神社15代宮司の次女の結婚式。鶴羽根神社（広島市東区）にて式を挙げ、社殿前にて記念撮影。当時、夫の山田正之氏は大日本帝国陸軍の主計大尉、妻の聡子氏は病院に勤務。結婚後、一緒に暮らし始めたのは戦後以降でした
（神田神社、広島市南区）

秋祭り（戦後間もなく）

当時の石内村には、明治時代に作成された屋形の俵神輿が6台あり、秋祭りでは、五穀豊穣と無病息災・家内安全を祈願して各家々を回り、お花の祝儀・料理・お酒などでもてなしを受け、楽しいひと時を過ごしました
（臼山八幡神社、広島市佐伯区）

戦後

例祭での大名行列（昭和21〈1946〉年10月）

昭和20年は中止だった大名行列が復活。随兵（ずいひょう、お供の兵士）が馬に乗り騎馬武者として登場するのは、この年限りに。村一番のイベントでした
（重松神社、東広島市安芸津町）

広島市エリア

右は神田神社15代宮司の四女・矢野美耶古氏、
左は町内の子
戦時中、巫女として結婚式の手伝いをしたときの
写真と思われます
（神田神社、広島市南区）

中区
東区
南区
西区
安佐南区
安佐北区
安芸区
佐伯区

広《ひろ》島《しま》護《ご》國《こく》神《じん》社《じゃ》

主祭神

護国の御英霊（原爆による公務犠牲者を含む）

広島市中区

官祭廣島招魂社大鳥居建立の様子（昭和９年、広島市公文書館所蔵）

明治元（１８６８）年、戊辰《ぼしん》戦争で戦死した広島藩士七十八柱の御霊を、饒津神社《にぎつじんじゃ》境内の水草霊社《みくされいしゃ》に奉祀《ほうし》したのが起源です。以来、大東亜戦争に至るまでの戦いにおいて、戦没した九万二千余柱（勤労奉仕など、公務中に原爆の犠牲となった動員学徒等、一万余柱を含む）の御英霊がお祀《まつ》りされています。

水草霊社は、明治８（１８７５）年に官《かん》祭招魂社《さいしょうこんしゃ》となり、同34（１９０１）年には、官祭広島招魂社と改称。昭和９（１９３４）年に西練兵場の西端（現ひろしまゲートパーク）に遷座《せんざ》し、昭和14（１９３９）年に広島護國神社と改称しましたが、昭和20（１９４５）年８月６日の原子爆弾により焼失しました。

その後、昭和31（１９５６）年に、現在の広島城址に復興しています。

この1枚!

昭和31年、現在地に復興した当時。
その後、平成5（1993）年には、御《ご》大典《たいてん》記念事業として本殿・拝殿の建て替えを行ったほか、創建130年にあたる平成10（1998）年からは、その記念として境内建物の新築・改築が10年かけて行われました。

現在ひろしまゲートパークがある地に遷座した「官祭廣島招魂社」（昭和9年の絵葉書）

招魂祭で神楽を観る人々（昭和 35、36 年頃、大下隆雄撮影／広島市公文書館提供）

官祭廣島招魂社落成記念の絵葉書（昭和 9 年、広島県立文書館蔵）

広島護國神社

所在地：〒 730-0011
広島市中区基町 21-2
電　話：082-221-5590

神職からのメッセージ ご利益を訊ねられたら、「当社の御祭神は、故郷のため、家族のために戦争で命を捧げられた方々です。そのため、ご利益は私たちの幸せに通じるすべてです」とお答えしています。どうぞいつでもお気軽にお参りください。

現在の当社

饒《にぎ》津《つ》神《じん》社《じゃ》

主祭神

浅野長政命《あさのながまさのみこと》
浅野幸長命《あさのよしながのみこと》
浅野長晟命《あさのながあきらのみこと》

広島市
東区

芸州藩（広島藩）藩主であった浅野家の初代、浅野長政公の200回御忌《ぎょき》にあたる文化7（1810）年、斉賢《なりかた》公（浅野家第10代）、重晟《しげあきら》公（浅野家第9代）とともに、広島城の艮《うしとら》（東北鬼門）にあたる明星院《みょうじょういん》内に、新たに壮麗な位牌堂を建立しました。この位牌堂が、饒津神社の先駆となるものでした。

天保6（1835）年、斉粛《なりたか》公（浅野家第11代）が、祖先崇敬のため社殿を現在地に創建し、二葉山御社《ふたばやまおんしゃ》と称しました。

明治元（1868）年に、社名を饒津神社と改め、明治6（1873）年に県社に列せられました。

「饒」は豊かになる、「津」は港を意味し、「広島の地が豊かな水の都になるように」という願いが込められています。

被爆直後の拝殿前。拝殿が原爆によって焼失したため、本来、拝殿の後ろにあって見えないはずの３つの石段が見えています。このうち、中央の石段は本殿に通じていたのですが、その本殿も原爆によって焼失しました。

現在の拝殿。上の写真と同じ場所から撮影

向唐門（むかいからもん）・二の鳥居・狛犬（明治35年頃）
境内地は明治7年に広島県より「饒津公園」に指定され、人々の憩いの場でもありました

（左）被爆直後の向唐門前。画像左の手水鉢の内側や周囲に瓦礫が散乱しています
（右）現在の手水鉢

饒津神社

所在地：〒732-0057
広島市東区二葉の里 2-6-34
電　話：082-261-4616

神職からのメッセージ　原爆で境内の建物はすべて焼失しましたが、70年かけて再興できました。石灯籠や石畳も原爆により一部破損し、ひび割れがありましたが、後世に伝えるため当時のまま残しています。

現在の向唐門・二の鳥居・狛犬

広《ひろ》島《しま》東《とう》照《しょう》宮《ぐう》

主祭神

徳《とく》川《がわ》家《いえ》康《やす》公《こう》

広島市
東区

徳川家康公薨去《こうきょ》後33年忌にあたる慶安元（1648）年、当時の広島藩主、浅野光《みつ》晟《あきら》公によって、広島城の鬼門（北東）の方向にあたる二葉山の山麓に造営されました。

光晟公は、生母が家康公の第三女、振姫《ふりひめ》であったことから、祖父家康公の御遺徳を敬慕するとともに、城下町の平和を願って、神霊を祀《まつ》りました。

社殿は、「二葉山山麓に位置し、観望の美麗なるは、毛利氏広島に築城以来、第一のもの」といわれていましたが、昭和20（1945）年8月6日の原子爆弾（爆心地から約2・2㎞）の熱風により、檜皮葺《ひわだぶき》の本殿、中門、瑞垣《みずがき》、拝殿は焼失。瓦葺の唐門・翼廊・手水舎《てみずしゃ》・本地堂・御供所《ごくしょ》・脇門は焼失を免れ、広島市重要文化財に指定されています。

この1枚!

大正時代の鳥居と唐門・翼廊。東照宮参道両側には、現在の広島JPビルディングの辺りから桜並木が続き、原爆で焼失するまで桜の名所として知られていました。

現在の鳥居と
唐門・翼廊

本殿
(大正時代)

拝殿(大正時代)
当宮は明治時代、一時荒廃しましたが、社掌(宮司)に補された(任じられた)久保田主令の私財と財界の寄付により順次復興しました

広島東照宮

所在地:〒732-0057
広島市東区二葉の里 2-1-18
電　話:082-261-2954

神職からのメッセージ 広島市中心部は原爆により多くの歴史的建造物が焼失しましたが、当宮は創建当時の建物が残っています。江戸時代の華やかな歴史と、原爆からの復興を感じていただけたらと思います。

現在の拝殿

神《かん》田《だ》神《じん》社《じゃ》

主祭神

足仲津彦命《たらしなかつひこのみこと》（仲哀天皇《ちゅうあいてんのう》）
品陀別命《ほんだわけのみこと》（応神天皇《おうじんてんのう》）
息長足姫命《おきながたらしひめのみこと》（神功皇后《じんぐうこうごう》）

広島市
南区

文亀《ぶんき》３（１５０３）年に、銀山城《かなやまじょう》の城主として安芸の地を治めていた武田元繁が、今の山梨県から安芸郡牛田村（現在の牛田地区）へ奉遷《ほうせん》したのが始まりだといわれています。毛利輝元が広島城を築城の際、武田氏の遺臣、池田宮内《くない》を神主とし、神田神社を広島城の守護神として祀《まつ》りました。

その後、福島正則が城主になると、神社の護持を村民に任せるようになり、牛田村の氏神として祀られるようになりました。

明治22（１８８９）年、社地が陸軍用地となり、神田神社は宇品へと移転。明治33（１９００）年、津波により社殿が大破し、修復しましたが歳月とともに腐朽したため、昭和６（１９３１）年、現在地へと遷座《せんざ》しました。

昭和60（１９８５）年４月に、不慮の火災により全焼しましたが、翌61（１９８６）年９月に新社殿が竣功《しゅんこう》しました。

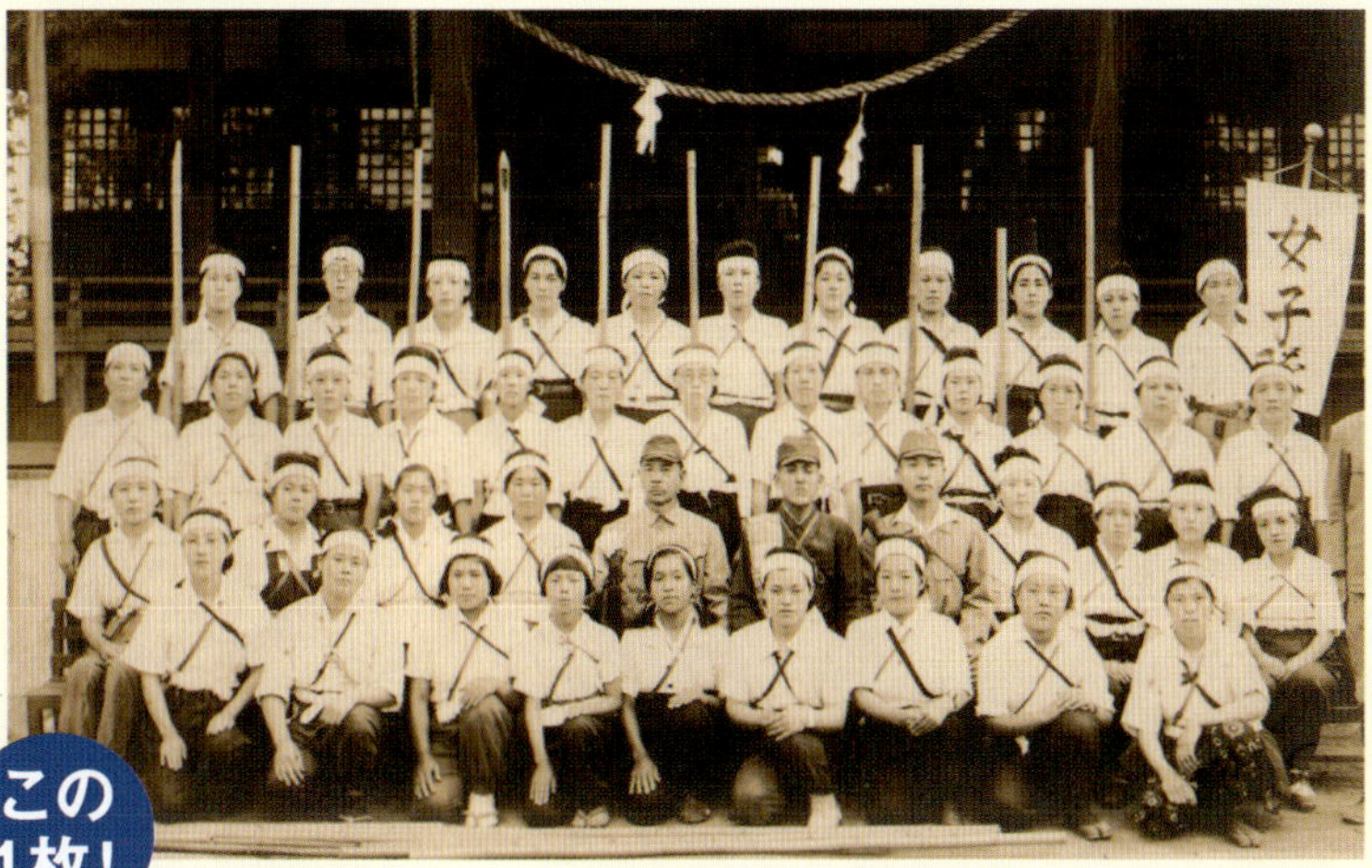

この1枚!

昭和12～14(1937～1939)年頃の写真と思われます。前から2列目、男性3人のうち、真ん中が15代宮司の池田公司(昭和33〈1958〉年5月没)。最上段右から5人目は15代宮司の次女(大正11〈1922〉年生まれ)で、第一高等女学校(現在の舟入高等学校)の生徒でした。

稚児行列。戦前の節分祭での1枚と思われます

本殿造営中
(昭和5年頃)

戦後の節分祭の写真。撮影時期は不明ですが、社殿が全焼する前なので、昭和60年4月以前

神田神社

所在地：〒734-0015
広島市南区宇品御幸 4-1-15
電　話：082-251-6807

神職からのメッセージ 港町の住宅街にある神社です。節分祭の豆まきでは、宇品が創業地であるカルビー株式会社の協賛で、カルビー製品をまいています。お近くにお越しの際は、ぜひお詣りください。

現在の社殿(正面)

比《ひ》治《じ》山《やま》神《じん》社《じゃ》

主祭神

大国主大神《おおくにぬしのおおかみ》
少名毘古大神《すくなひこなのおおかみ》
建速須佐之男大神《たけはやすさのおのおおかみ》

広島市
南区

もと黄幡大明神《おうばんだいみょうじん》と称し、比治山南の谷（俗称、黄幡谷）に鎮座していましたが、江戸時代の正保《しょうほう》３（１６４６）年３月、現在の社地に移して鎮守社となり、明治元（１８６８）年、神仏分離令の際、比治山神社に社名を改めました。

昭和20（１９４５）年８月６日、原子爆弾により本殿と拝殿を焼失しましたが、昭和22（１９４７）年に仮再建し、昭和29（１９５４）年、現在地御鎮座三百年記念として、本殿と拝殿を建立しました。

正面からみた現在の当社

この1枚!

原爆投下直後（爆心地より1.8㎞）。手前には玉垣や瓦礫が崩れ、境内に防空壕の土が積まれています。昭和３（1928）年建立の第一鳥居、明治40（1907）年建立の標柱《しめばしら》、昭和５（1930）年建立の門柱、江戸末期の弘《こう》化《か》４（1847）年建立の灯籠などは戦火に耐え、現在の位置に鎮座しています。この写真は、米軍兵士のアルバムから見つかりました。

昭和 22 年頃に仮再建した当時の本殿と拝殿。戦地から復員した当時の宮司が、廿日市市大野から木を曳いてきて仮社殿を再建。中央に再建計画図が掲げられています。昭和６年建立の灯籠は、現在も同じ位置のままです

昭和 29 年に竣工し、現在に至る拝殿

比治山神社

所在地：〒 732-0817
広島市南区比治山町 5-10
電　話：082-261-4191

神職からのメッセージ　比治山の麓にあり、路面電車なども近いので、多くの方がお散歩がてらお参りに来られます。10 月の第４土日には秋祭りが行われ、俵神輿や神楽舞などが奉納されます。また、縁結びの大国主大神に因み、毎月５日はご縁の日としてご祈祷しています。どうぞご参拝ください。

現在の本殿（左）と拝殿（右）。手前の岩盤は昔の広島市内が海で、比治山が島だった頃の名残

草津八幡宮《くさつはちまんぐう》

主祭神

品陀和気命《ほんだわけのみこと》（応神天皇《おうじんてんのう》）
帯中津日子命《たらしなかつひこのみこと》（仲哀天皇《ちゅうあいてんのう》）
息長帯比売命《おきながたらしひめのみこと》（神功皇后《じんぐうこうごう》）

広島市
西区

推古《すいこ》天皇2（594）年、力箭山《りきやざん》の麓に多紀理姫命《たぎりひめのみこと》を祀《まつ》ったのが創祀《そうし》と伝わります。中世には八幡神を合祀し、力箭八幡宮と称した時期もありました。

相殿《あいどの》神の宗像三女神《むなかたさんじょしん》のうち市寸島姫命《いちきしまひめのみこと》と湍津姫命《たぎつひめのみこと》は、明治25（1892）年に嚴島《いつくしま》神社《じんじゃ》より御分霊を神馬に乗せて、正式に勧《かん》請《じょう》し、素盞鳴神《すさのおのかみ》、倉稲魂神《うかのみたまのかみ》、金刀比羅神《ことひらのかみ》は明治末期に神社統廃合の折、合祀されました。

かつて社殿は海浜の近くにあったと伝えられていますが、再建のたびに高所へ遷《うつ》され、今は力箭山の中腹に鎮座しています。現在の社殿はすべて、昭和6（1931）年に、近郷六箇村の氏子《うじこ》により、境内地の造成とともに再建・造営されたものです。

草津は古くから水運の便に恵まれ、魚市場ができ、漁業を中心に栄えてきた町。当宮は、広島市の西部沿岸一帯の中心、総氏《そううじ》神《がみ》として崇敬されてきました。

この1枚!

昭和40年代のけんか神輿《みこし》。草津けんか神輿は、当宮に伝わる古文書によれば、「元文5（1740）年2月に神輿三基を新調した」とあり、少なくとも280年以上前から盛大に行われてきた御神幸行事です。当宮の例祭（毎年旧暦8月15日）は、安芸国で最も早い秋祭りとして行われ、その年の各地の祭りの盛況を占うものだったと伝えられています。
神輿の巡行では、所々で神輿同志を激しくぶつけ、競り合わせ、組み合わせます。その威勢のよさと華麗さ、賑々しい様は、「草津けんか祭」「草津けんか神輿」として、広く知られてきました。

昭和初期頃の社殿。当宮は、原子爆弾が投下された爆心地より５㎞の場所に位置しています。本殿・拝殿は被爆建物に指定され、被爆の痕跡を今に伝えています

けんか神輿（平成 13 年）

全景（平成 28 年）

草津八幡宮

所在地：〒733-0851
広島市西区田方 1-11-18
電　話：082-271-0441

神職からのメッセージ　例祭の祭典後、御神霊を乗せた神輿は多くの人たちに担がれ、伝統ある「草津祭音頭」を高らかに歌い継ぎながら神社を出発。草津の鷺森神社・住吉神社・胡子神社・龍宮神社を巡行します。

弘《こう》住《すみ》神《じん》社《じゃ》

主祭神

品陀和気命《ほんだわけのみこと》（応神天皇《おうじんてんのう》）
息長帯日売命《おきながたらしひめのみこと》（神功皇后《じんぐうこうごう》）
玉依姫命《たまよりひめのみこと》

広島市
安佐北区

『芸藩通志』（注1）に「八幡宮小田村弘住にあり、勧請《かんじょう》伝わらず、当村及び矢口・中筋・古市・東野・凡四村の民これを祭る。矢口村に慶長4年、勧請の社あれども、村民むかしより当社を産土神《うぶすながみ》とすれば、勧請の古きことをしるべし、拝殿は元禄元年、戊辰、国老某、造営なり」とあります。

寛文《かんぶん》8（1668）年および明治36（1903）年に、本殿を修復。昭和60（1985）年、境内の一部が道路となったため、社殿を改築しました。

なお古くは小田之庄八幡宮《おだのしょうはちまんぐう》と称しましたが、後に弘住八幡宮と改め、明治6（1873）年に現在の弘住神社に改称しました。

江戸時代には、香川県の金刀比羅宮《ことひらぐう》から金毘羅神を勧請。現在は大物主命《おおものぬしのみこと》として祀《まつ》られる「航海の神」です。また、太田川の小田の渡し場にあった、安政6（1859）年造立の常夜灯が境内に移設されています。

注1　『芸藩通志』／文政８（1825）年８月に完成した、広島藩の地誌。

この1枚!

奉告祭祭典余興（相撲）の集合写真（昭和13〈1938〉年頃）。日本の伝統文化で、明治以降にスポーツ・娯楽として発展した相撲。子供たちがたくさん参加しています。

奉告祭祭典の様子（昭和13年頃）。余興として、相撲が行われました。この頃の相撲は、国技であり最大の娯楽。当時の神社では、村単位で奉納・余興を行っていました。境内にも土俵があったそうです

全景（戦前）

全景（現在）

弘住神社（旧称 小田之庄八幡宮）

所在地：〒739-1733
広島市安佐北区口田南2-3-3
電　話：082-842-0517

神職からのメッセージ 地域の皆さまが手がけた、神社でありたい。正月、お祭りごとの注連縄はすべて新しく作り直し、夏越祭の直径2mの茅の輪、正月の門松も皆さまの手作りです。伝統行事は、すべて皆さまの協力のもと、伝えられています。

社殿（戦前）

社殿（現在）

臼山《うすやま》八幡《はちまん》神社《じんじゃ》

主祭神

品陀和気命《ほんだわけのみこと》（応神天皇《おうじんてんのう》）
帯仲津彦命《たらしなかつひこのみこと》（仲哀天皇《ちゅうあいてんのう》）
息長帯姫命《おきながたらしひめのみこと》（神功皇后《じんぐうこうごう》）

広島市
佐伯区

戦時中に撮影された戦勝祝いの写真。当時は、めでたいときに提灯行列をしていたようです。右上に見えているのは日の丸

延暦《えんりゃく》２（７８３）年に宇佐八幡宮《うさはちまんぐう》より勧《かん》請《じょう》し、水晶城《すいしがじょう》山麓に小祠《しょうし》を建立。寿永《じゅえい》年間（１１８２～１１８５年）の源平合戦では、源氏の源範頼が在陣して、当社を篤《あつ》く信仰し霊験があったと伝わります。

天文《てんぶん》10（１５４１）年の大内氏と武田氏の合戦では、大内氏の家臣、麻生右衛門《あそううえもん》が水晶城主となり朝夕礼拝祈願を行ったところ、開運成就を得て、社殿を造営しました。また、天文23（１５５４）年の毛利氏と陶《すえ》氏の合戦では、毛利氏によって宝物の寄進があったと伝えられています。天正９（１５８１）年には、毛利輝元公が社領を寄進しました。

江戸時代には、浅野氏の崇敬も篤く、武具や釣灯籠《つりどうろう》の奉納、社領の寄進のみならず、社殿修復時には材木の御下げが行われたと伝わります。寛文《かんぶん》３（１６６３）年、文化11（１８１４）年に社殿を再建しています。

この1枚!

紀元2600年（昭和15〈1940〉年）の記念事業として、社殿背面の山腹を切り拓いて、本殿を移転改築。また、石段・玉垣を築いて社地が拡張されました。昭和16（1941）年の落成記念では、石内村の技術者をはじめ、奉仕した村民が集まっています。

戦前、銃剣道の姿での集合写真。銃剣道はフランス式の銃剣術を取り入れた武道で、手に持っているのは、木銃（もくじゅう）です

秋の大祭で、半坂のクラブ（現在の集会所）前で撮影した青年たちの写真（撮影年は不明）

戦後間もない写真。当時は娯楽もなく、秋祭りが楽しいひと時でした

臼山八幡神社

所在地：731-5102
広島市佐伯区五日市町大字石内字臼山 3410
電　話：0829-38-0822（速谷神社が兼務）

神職からのメッセージ　毎年 10 月第 2 日曜の例祭には、氏子地域内を練り歩いた元気いっぱいな神輿が境内に集結します。その前夜祭では石内神楽団による神楽や花火が披露され、境内は多くの参拝者で賑わいます。

現在の社殿

河《こう》内《ち》神《じん》社《じゃ》

主祭神

八幡大神《はちまんのおおかみ》
猿田彦命《さるたひこのみこと》
素戔嗚尊《すさのおのみこと》
ほか五柱

広島市
佐伯区

五日市に鎮座する、河内地区（上河内、下河内、上小深川、下小深川、藤の木、河内南）の氏神社《うじがみしゃ》・氏神です。

大字旧各村内には古くから、八幡神社（上河内中郷）、佐古神社《さこじんじゃ》（上河内下城）、客人《まろうど》神社《じんじゃ》（上河内魚切）、日吉神社（下河内〈現御旅所《おたびしょ》・通称、権現《ごんげん》さん〉）、新宮神社三社（下河内白川、上小深川、下小深川）、大宮神社（上小深川野登呂）の8社がありました。

このうち大宮神社は、延喜《えんぎ》年間（901～923年）に勧請《かんじょう》されたと伝わり、江戸時代の享保6（1721）年に八幡宮を再建したときの棟札《むなふだ》も残っています。ほかの旧各社も、おおよそ中世の頃の創祀《そうし》と思われます。

明治40（1907）年に、これらの神社を政府の指導によって合祀・統合し、河内地区の氏神社・産土神社《うぶすなじんじゃ》として、「河内神社」と改称しました。

この1枚!

大正13（1924）年、拝殿竣工。現在の本殿は、合祀・統合の際、旧佐古神社の境内地に、旧日吉神社の本殿を移築したものです。また同時に、拝殿・幣殿を新築し、神社境内・参道の整備を行い、大正13年に現在の姿になりました。詳細は、境内石段脇の神社合祀の記念石碑に刻まれています。

日吉神社本殿移築
（大正 10 年）

現在の河内神社本殿

大正 11 年、拝殿工事の様子

河内神社

所在地： 〒 731-5151
広島市佐伯区五日市町大字上河内
字土井甲 363
電　話： 082-928-2283

神職からのメッセージ　遠い祖先の時代より、尊いご神徳を人々に授け、河内地区の守護神、鎮守の神として、人々から広く崇敬されています。

現在の河内神社拝殿

白神社《しらかみしゃ》

主祭神

菊理姫神《くくりひめのかみ》
伊邪那岐神《いざなぎのかみ》
伊邪那美神《いざなみのかみ》
ほか四柱

広島市
中区

大正 11 年頃

昭和 15 年、春。袋町小学校新入生の参拝風景

昭和 43 年の当社。昭和 63 年の建て替え前

令和4年、冬

当社のある中町一帯がまだ海だった頃、現在神社のある地点は海面から突き出た岩礁で、海難事故を防止するために、岩礁上の樹に白い紙をつけていました。やがて白紙に代わる守り神の象徴として祠《ほこら》が建てられ、祠は白紙にちなみ「白神（しらかみ）」と呼ばれて、住民の信仰を集めました。その創建時期については記録がなく、わかっていません。

天正19（1591）年9月に、毛利輝元により新しい社殿が建立され、城主の氏神、広島城下の総産土神《そううぶすながみ》として、最盛期には近隣の旧国泰寺に連なる広い境内を持つ神社に発展しました。明治6（1873）年2月には、郷社《ごうしゃ》に列せられました。

白神社

所在地：〒 730-0037
広島市中区中町 7-24
電　話：082-247-1363

神職からのメッセージ　昭和 20 年 8 月 6 日、原爆投下により爆心地から 500 m に位置する当社は、建築物は完全に焼失しましたが、原爆史跡の狛犬、灯籠、手水鉢、広島市天然記念物「白神の岩礁」等が境内に残ります。

空《そら》鞘《さや》稲《いな》生《お》神《じん》社《じゃ》

主祭神

宇迦之御魂神《うかのみたまのかみ》
宇氣母智神《うけもちのかみ》
和久産巣日神《わくむすひのかみ》

広島市
中区

社殿（昭和5年2月1日）

現在の社殿

境内（戦後）

現在の境内

天文年間《てんぶん》（1532～1555年）の創建といわれ、本社である空鞘稲生神社と境内末社である幸神社《こうじんじゃ》（旧彦山明神《ひこやまみょうじん》）の二社が、この地に最も古くから鎮座していると伝わります。広島城の裏鬼門の方角に位置し、毛利氏の崇敬も篤《あつ》く、かなりの社領がありました。

戦前は現在の氏子《うじこ》区域に加え、平和公園より南（現中島町～南吉島）区域の氏神《うじがみ》でもあり、西の総氏神と称されるほど、社頭《しゃとう》は大変な賑わいでした。

「空鞘」の名は、社頭にあった松の大木に刀の鞘のみが掛かっていたことによると伝わり、昭和40（1965）年の町名改正まで、神社周辺は「空鞘町」と称していました。

空鞘稲生神社

所在地：〒730-0802
広島市中区本川町 3-3-2
電　話：082-231-4476

神職からのメッセージ　原爆によりすべて灰燼に帰しましたが、昭和 28 年 10 月に復興。戦前の賑わいはなくなっていましたが、地域の方々の力により、徐々に賑わいを取り戻しながら、現在に至ります。

天満神社《てんまんじんじゃ》

主祭神

菅原道真大神《すがわらみちざねのおおかみ》

広島市
中区

天満神社（昭和6年5月1日）

現在の小祠（左）と
当社遠景（右）

毛利輝元が広島に城を築き入府した際、吉田の天神山から遷《うつ》して奉斎《ほうさい》したのが始まりと伝わります。当初この地は「舟町《ふなまち》」と称していましたが、これにより「天神町」と改めました。

その後、浅野長晟《ながあきら》が広島城に入る際、船を水主町《かこまち》（現加古町）に着け、当社でしばらく休憩しました。このため、浅野家の崇敬は大変篤《あつ》く、年に3回の参拝のほか、さまざまな行事・宝物が奉納されました。寛永8（1631）年、社殿を造営。享保13（1728）年、寛政7（1795）年に火災に遭いましたが、その都度、再建しています。

明治に入り浅野家との関係は絶たれましたが、広島市の発展とともに繁栄を続け、繁華街の真ん中にある「天神町の天神さん」と呼ばれ、祭礼もとても賑やかで、多くの人々に親しまれていました。

爆心地から300mという距離で被爆した当社は、若干の石造物を除き灰燼に帰しましたが、疎開していた木像の御神体は被爆を免れました。

天満神社

所在地：〒730-0811
広島市中区中島町6-1

電　話：082-231-4476
（空鞘稲生神社が兼務）

神職からのメッセージ　さまざまな事情で復興がなかなか叶いませんでしたが、平成6年6月に小祠を建立し、由緒ある「天神町の天神さん」の復興の一歩を踏み出し、現在に至ります。

廣《ひろ》瀬《せ》神《じん》社《じゃ》

主祭神

市杵島毘賣命《いちきしまひめのみこと》
多紀都毘賣命《たぎつひめのみこと》
多紀理毘賣命《たぎりひめのみこと》

広島市
中区

主祭神のほか、相殿《あいどの》に天照皇大神・須佐之男命《すさのおのみこと》・神日本磐禮彦命《かんやまといわれびこのみこと》を祀《まつ》っています。創建は天正年間（1573～1592年）。毛利輝元より菩提寺である洞春寺《とうしゅんじ》の鎮守社として崇敬され、社領を寄せられました。明治5（1872）年、社格を村社として定められました。

当社は古来より広大な神社で、境内には樹齢300年以上という大樹が森をなし、諸々の社殿が甍《いらか》を連ねていましたが、原爆により烏有《うゆう》に帰しました。戦後、市街地区画整理のため境内は狭くなりましたが、昭和24（1949）年拝殿を、昭和50（1975）年本殿を造営しています。

拝殿竣工直後
（昭和 31 年頃）

秋祭りの風景
（昭和 27 年頃）

原爆投下直後（昭和 20 年8月）

現在の当社

廣瀬神社

所在地：〒730-0804
広島市中区広瀬町 1-19
電　話：082-231-8614

神職からのメッセージ　主な祭礼は、夏越祭（茅の輪くぐり、7月第４日曜）、秋祭（前夜祭10月第３土曜、例祭 10 月第３日曜）です。

男《お》崎《ざき》神《じん》社《じゃ》

主祭神

品陀和気命《ほんだわけのみこと》（応神天皇《おうじんてんのう》）
帯中津彦命《たらしなかつひこのみこと》（仲哀天皇《ちゅうあいてんのう》）
息長帯姫命《おきながたらしひめのみこと》（神功皇后《じんぐうこうごう》）

広島市
東区

現在の本殿

屋根が銅板葺きになった際の記念写真
（昭和 12 年）

現在の拝殿と参道

矢賀三丁目の北東に鎮座する、矢賀に住む者すべての氏神《うじがみ》であり、生まれ育った土地を守る産土神《うぶすながみ》、鎮守の社《やしろ》です。

宇佐八幡宮《うさはちまんぐう》の分霊が勧請《かんじょう》されたといわれていますが、年月は不詳。『神社明細帳（注2）』には、治暦《じりゃく》年中（１０６５〜１０６９年）の創建ともあり、７００〜８００年前とも伝えられています。いずれにしても、この辺りに住むことになった領主、武士たちが自ら神を持ち、その御神徳による、矢賀の開発と新村の樹立を乞い願ったと思われます。

昭和46（１９７１）年、拝殿の老朽化に伴い、鉄筋コンクリート造へ改修されました。『広島県神社誌』（広島県神社庁、平成６年）によれば、幣殿、祝詞殿《のりとでん》も再建されたとあります。

また「矢賀学区だより」によれば、平成４（１９９２）年に、本殿修築、神輿《みこし》倉、熊野神社の修築・修復がされたとあります。これは平成３（１９９１）年の台風19号（リンゴ台風）による被害の修復でしたが、拝殿・中殿の屋根の全面修築となりました。

男崎神社

所在地：〒 732-0042
広島市東区矢賀 3-10-1

神職からのメッセージ　昭和 12 年に奉納された宮神輿がこの度、氏子のご寄付・ご協力により全面修復することとなりました。令和６年の例祭で、支えていただいた方々に対する御礼の意味を込めて、氏子内に繰り出します。

注２『神社明細帳』／明治政府が各府県に提出を求め、政府と各府県に備え付けられた神社の公的な台帳。

尾《お》長《なが》天《てん》満《まん》宮《ぐう》

主祭神

菅原道真公《すがわらのみちざねこう》
大穴牟遅神《おおなむちのかみ》荒神
少名毘古那神《すくなひこなのかみ》

広島市
東区

昭和 35 年頃

随神門・鳥居・狛犬（昭和 35 年頃）

現在の随神門・鳥居・狛犬

現在の本殿は、饒津神社にあった招魂社（明治時代の建物）を、昭和 12 年に移したもので、平成 18 年に修復されました

『知新集』(注3)によると、菅公《かんこう》の名で親しまれ学問・書道の神として古くから崇敬されてきた菅原道真が、九州太宰府に下る途中、尾長山の麓《ふもと》に船を寄せ、山に登り休息したといわれ、その場所に小祠《しょうし》が建てられました。

寛永17（1640）年、松尾忠正（熱心な道真の信者で、京都で浅野長晟《ながあきら》の連歌の相手をしていた）が広島を訪れ、民家に近い山の麓で道真由来の場所に社殿を建立し、菅公を祀《まつ》りました。享保5（1720）年頃に現在の場所に社殿を再建(移築)したと記されています。

大正15（1926）年の豪雨で、本殿・拝殿・稲荷社などが倒壊・流失しましたが、随神門《ずいしんもん》は流失を免れ、当時の姿を今に残しています。

尾長天満宮

所在地：〒732-0048
　　　　広島市東区山根町 33-16
電　話：082-262-2679

神職からのメッセージ　広島駅新幹線口から北へ徒歩 10 分、天神川源流で四季折々の花が咲き、広島市街地が一望できます。合格の木や登竜門、撫で牛などもあり、合格祈願、健康祈願、厄除開運、所願成就に、ぜひご参拝ください。

注3　『知新集』／『芸藩通志』編集のために作成された、広島城下の地誌。文政５（1822）年に完成。

狐瓜《くるめ》木《ぎ》神《じん》社《じゃ》

主祭神

誉田別命《ほんだわけのみこと》（応神天皇《おうじんてんのう》）
帯仲彦命《たらしなかつひこのみこと》（仲哀天皇《ちゅうあいてんのう》）
息長帯姫命《おきながたらしひめのみこと》（神功皇后《じんぐうこうごう》）

広島市
東区

正確な撮影日時は不明ですが、約100年以上前に撮影された写真と思われます。右の人物は当時の宮司、木村志那登。奥に見える豊穂稲荷社は原爆の際に倒壊し、その後再建されました

現在の社殿

　創建千百余年、くるめ木の小高い山（宮ノ山）に古くから鎮座し、総（惣）社と呼ばれ、この一帯をお守りしてきた由緒ある神社です。

　相殿《あいどの》に祀《まつ》る風伯神《ふうはくじん》、事代主神《ことしろぬしのかみ》は貞観《じょうがん》2（860）年に、八幡神三柱は永観《えいかん》2（984）年に勧請《かんじょう》しました。かつてこの一帯が海であった頃、まず風伯の神を祀り、神社を中心にして集落ができ、発展していきました。

　現在の社殿は、幣殿と拝殿は江戸時代後期、文化2（1805）年に再建され現存しており、本殿は大正元（1912）年に改築されたものです。

　原爆投下では、爆心地から北東約5㎞にありましたが、神社の本殿や拝殿は倒壊を免れました。一方、稲荷社は大きく壊れ、戦後すぐに当時の材木で建て直されました。

狐瓜木神社

所在地：〒732-0008
広島市東区戸坂くるめ木 1-1-20
電　話：082-229-0847

神職からのメッセージ　戸坂一円と東原（瑞穂神社）が氏子で、この一帯を古くからお守りしてきた由緒ある神社です。正月には多くの参拝者が訪れ、秋祭りでは夕方から夜にかけて盛大に神楽が奉納されます。

邇《に》保《ほ》姫《ひめ》神《じん》社《じゃ》

主祭神

爾《に》保《ほ》都《つ》比《ひ》売《め》神《のかみ》

広島市
南区

享保年間に再建された旧社殿
（大正初期の撮影、『仁保村志』
〈仁保村役場発行、昭和４年〉より）

旧社殿の全景
（昭和 60 年頃）

平成 22 年に再建された、現在の社殿

もともと黄金山《おうごんざん》周辺は、仁保島《にほじま》と呼ばれる島でした。神功皇后《じんぐうこうごう》が三韓《さんかん》出兵の帰途、この地に一夜宿陣し、出兵の際に霊験をいただいた爾保都比売神をお祀《まつ》りして、鎮護綏撫《ちんごすいぶ》の神祐《しんゆう》（災難から護り、安らかに鎮めおさめていただくよう神の助け）を祈られました。翌日出発の際、邪気祓いのため白羽の矢を放ったところ、香護山（現在の鎮座地辺り）に矢が止まり、矢を納めて島の鎮守としました。

旧社殿は享保年間（１７１６～１７３６年）の再建でしたが、平成19（２００７）年に焼失。平成22（２０１０）年に再建されました。

邇保姫神社

所在地：〒734-0045
広島市南区西本浦町 12-13
電　話：082-281-4538

神職からのメッセージ　約 400 年前、地域に蔓延した悪病を神社の獅子が鎮めたことから、現在も秋祭前の禊・祓え神事として獅子舞を斎行。無形文化財に指定され「獅子が来なければ祭も来ない」といわれます。

三《み》篠《ささ》神《じん》社《じゃ》

主祭神

大国主命《おおくにぬしのみこと》
大年神《おおとしのかみ》
猿田彦神《さるたひこのかみ》
ほか

広島市
西区

昭和 12 年に建て替えた際の社殿

現在の社殿

永禄年間（1558～1570年）、別府の地に大年神を大年大明神と称して創祀《そうし》。天正年間（1573～1592年）、横川往還の東側、楠の大木の下に、猿田彦神を楠木大明神と称して創祀。承応3（1654）年、現社地に宮社を造立して、大国主神を黒皇大明神《くろおうだいみょうじん》と称して創祀し、大年大明神、楠木大明神を合祀。明治になり、黒皇神社と称しました。

明治22（1889）年、楠木村、新庄村、打越村が合併し、三篠村（のち三篠町）となりました。大正3（1914）年、町の中心地である楠木村の黒皇神社に、新庄村の熊野神社、打越村の八幡神社・青木神社を合併し、三篠神社と改称、安佐郡三篠町の総氏神《そううじがみ》と仰がれました。

昭和20（1945）年、原爆により烏有《うゆう》に帰しましたが、戦後、社殿を再建し、境内の杜《もり》も復興しました。

三篠神社

所在地：〒733-0003
広島市西区三篠町 1-11-5
電　話：082-237-0431

神職からのメッセージ　昭和 20 年の原爆により、社殿や杜、石までも焼失しました。終戦直後から焼け跡に植樹し、楠の種を蒔くなど、鎮守の杜の復興に取り組み、今では、わからないほど立派な杜になりました。

岡《おか》崎《ざき》神《じん》社《じゃ》

昭和 10 年頃。前列に写っている狩衣姿の小さい子供は、先代宮司の山田足穂です。昭和５年生まれですので、この写真の様子からすると、まだ小学校にも行っていない頃ではないかと思います。秋の例祭のときに撮影したものと思われ、巫女舞の女の子２人とその保護者の方々も写っています。後列中央の神職は、先々代宮司の山田正樹です

主祭神

品陀和気命《ほんだわけのみこと》（応神天皇《おうじんてんのう》）
帯中津日子命《たらしなかつひこのみこと》（仲哀天皇《ちゅうあいてんのう》）
息長帯日売命《おきながたらしひめのみこと》（神功皇后《じんぐうこうごう》）

広島市
安佐南区

現在の社殿（令和５年例祭）

創立年月は不詳ですが、かつてこの地を治めた武田氏の家臣、伴五郎《ともごろう》繁清《しげきよ》の祖先が勧請《かんじょう》し、旧伴《とも》村および長楽寺村の氏神《うじがみ》でした。

延享《えんきょう》３（１７４６）年火災に遭い、ことごとく焼失しましたが、現在地に再建されました。

明治４（１８７１）年までは、岡崎八幡宮と称していました。

岡崎神社

所在地：〒 731-3165
広島市安佐南区伴中央 1-11-9
電　話：082-848-3828

神職からのメッセージ　当社は伴の氏神であり、さらに小さな地区ごとの氏神をお祀りする飛地境内社が 20 社余りあります。毎年どの神社も例祭を執り行い、神楽や巫女舞、露店などで賑わいます。

貴《き》船《ふね》神《じん》社《じゃ》

主祭神

高龗神《たかおかみのかみ》

広島市
安佐南区

大正時代～昭和初期の例祭時の写真と思われます

昭和30年代の例祭時と思われます。前列右側の紋付袴の男性が、先々代の岡西邦夫宮司です

現在の本殿

高龗神が御祭神として祀《まつ》られており、４００年以上前に京都鎮座の水神の総本宮、貴船神社より勧請《かんじょう》されたと伝えられています。また、安永２（１７７３）年に再興されたときの棟木《むなぎ》が本殿に残されています。

現在の本殿は大正13（１９２４）年に再建されたものです。

この地域は昔から干ばつの被害を受けやすく、そのため雨乞いの神、五穀豊穣の神が祀られてきました。境内には古い歴史を物語る杉の大木がそびえており、神社巡りをする人々にわかりやすい目印となっています。例祭は、毎年９月の第１日曜に斎行《さいこう》されています。

貴船神社

所在地：〒731-3271
広島市安佐南区沼田町阿戸字
貴船郷2864
電　話：082-874-9271

神職からのメッセージ　以前は研修旅行として定期的に、総本宮の貴船神社にお参りしていました。それ以降、毎年総本宮より神聖な御神水が送られ、現在はその御神水をお供えして例祭を斎行しています。

熊《くま》岡《おか》神《じん》社《じゃ》

主祭神

帯中津日子命《たらしなかつひこのみこと》（仲哀天皇《ちゅうあいてんのう》）
息長帯日売命《おきながたらしひめのみこと》（神功皇后《じんぐうこうごう》）
品陀和気命《ほんだわけのみこと》（応神天皇《おうじんてんのう》）

広島市
安佐南区

戦前の社殿。昭和９年の改築の際に撮影されたと思われます

現在の社殿。当社は、６世紀の古墳の墳丘上に建立されていると伝えられています

元々は仲哀天皇と神功皇后がご祭神でしたが、永正《えいしょう》元（１５０４）年、安芸国の守護、武田元繁が鎌倉の鶴《つるが》岡八幡宮《おかはちまんぐう》より応神天皇を勧請《かんじょう》して、今に至ります。

最近では、平成26（２０１４）年8月の豪雨で被災された地元住民の要望により、毎年8月20日には境内に竹で作成したキャンドルを無数に並べ、参加者全員で鎮魂の祈りが捧げられます。

慶応2（１８６６）年の社殿改修の際、6世紀中頃の提瓶《ていへい》・短頸壺《たんけいこ》・坏《つき》などの須恵器6点が発見されました。

熊岡神社

所在地：〒731-0138
広島市安佐南区祇園 5-1-34
電　話：082-874-9271

神職からのメッセージ　春祭りは湯立神事、夏は大祓祭が行われます。大祓祭は「祇園の輪くぐりさん」と呼ばれ、お祓いを受けるため多数の参列があります。また、安産・子育ての神様としてお参りの多い神社です。

温《ぬく》井《い》八《はち》幡《まん》神《じん》社《じゃ》

主祭神

品陀和気命《ほんだわけのみこと》（応神天皇《おうじんてんのう》）
帯中津日子命《たらしなかつひこのみこと》（仲哀天皇《ちゅうあいてんのう》）
息長帯日売命《おきながたらしひめのみこと》（神功皇后《じんぐうこうごう》）

広島市
安佐南区

昭和の大嘗祭（昭和５年）

現在の鳥居と拝殿

創祀《そうし》年代は不詳です。本殿の家紋は代表的な神社家紋である三つ巴ですが、拝殿の家紋は亀甲花菱《きっこうはなびし》で、武田氏の裏家紋です。

武田氏がこの地域を治めた時期は室町時代の中期で、特に戦国時代の１５００年代頃は、武田氏の親戚等が多数、川内地区に移住し、この地域を開拓しています。この点からみて、当社は１５５０年頃の建築、再建と考えられます。

平成13（２００１）年、境内にあるイチョウの大木が「乳下がりの大イチョウ」として、市の天然記念物となっています。

温井八幡神社

所在地：〒731-0102
広島市安佐南区川内 5-3-1

神職からのメッセージ　当社は年に一度、秋祭りのみを行っています。町内会がとても大きくて、皆さまの協力も素晴らしく、神輿は天狗・笛・太鼓とともに練り歩き、大変賑やかです。最後は餅まきで、多くの人で盛り上がっています。

安《やす》神《じん》社《じゃ》

主祭神

素戔嗚尊《すさのおのみこと》
稲田姫命《いなだひめのみこと》
大己貴命《おおなむちのみこと》

広島市
安佐南区

昭和初期頃の当社（広島県立文書館蔵）

現在の境内

平成 20 年、鎮座千百四十年記念の写真

「おぎおんさん」として親しまれ、京都祇園の末社、もと安芸之国祇園社と称し、祇園の地名の起源です。明治6（1873）年、安神社と改称しました。

縁起によると、貞観《じょうがん》11（869）年、国家鎮護を祈願して出雲の神々を勧請《かんじょう》したのが始まりです。また一説には、元慶《がんぎょう》5（881）年、大和国の長谷寺より別当寺感神院《かんしんいん》の祖僧、有尊がこの地を訪れ、その時の創祀《そうし》ともいいます。当初は銀山《かなやま》（武田山）の麗、南下安村《みなみしもやすむら》松尾山にありましたが、正安《しょうあん》元（1299）年の例祭の日、嚴島社司桜尾城主、平員家《たいらのかずいえ》が銀山城を攻めた際、兵火により焼失。御神体は御旅所《おたびしょ》（現在の境内地）に御神幸中で無事でした。

その後、銀山城主武田家が嘉元《かげん》年間（1303～1306年）、現在地に社殿を再建。武田家滅亡後、永禄3（1560）年、毛利元就が社殿を再建しました。文禄3（1594）年、毛利輝元が葺替《ふきかえ》を行い、広島城築城の際には当社の社領だけを除き、用材を伐採してよいとの達しを出したことは有名です。

安神社

所在地：〒 731-0138
　　　　広島市安佐南区祇園 2-21-3
電　話：082-874-5309

神職からのメッセージ　当社は、福島氏、浅野氏にも篤く崇敬されました。文化 13 年に浅野斉賢によって再建された荘厳な社殿は、明治 43 年、不審火により焼失しましたが、大正２年、多くの方の献金により再建を果たしています。

土《ど》井《い》泉《いずみ》神《じん》社《じゃ》

主祭神

品陀和気命《ほんだわけのみこと》
帯中津日子命《たらしなかつひこのみこと》
息長帯比売賣命《おきながたらしひめのみこと》

広島市
安佐北区

崇徳天皇《すとくてんのう》の時代、天承《てんしょう》元（1131）年、甲斐国より飯室《いむろ》村宇津《うづ》八幡屋敷に勧請《かんじょう》されました。

土井城主、三須《みす》氏退転後、その跡地である現在地、字土居の泉山に遷《せん》宮《ぐう》。元禄7（1694）年前後ではないかと思われます。

かつては飯室村八幡宮と称し、飯室村の村社でしたが、昭和27（1952）年、宗教法人土井泉神社として設立登記し、現在に至ります。

祈年祭典並びに産業組合法創立紀念奉祝祭典（昭和7年3月6日）
前列左から4人目は祠掌（ししょう）、河野遠二（広島県士族）

幣拝殿（令和5年8月2日）

土井泉神社

所在地：〒731-1142
広島市安佐北区安佐町飯室1652
電　話：082-262-2202

神職からのメッセージ　当社の特記すべきこととしては、平成11年に法面が崩落したため泉山の法面は広島県の管理下にあり、その管理に神職・氏子が一致団結してあたっていることです。

両延神社《りょうのべじんじゃ》

主祭神

品陀和気命《ほんだわけのみこと》（応神天皇《おうじんてんのう》）
息長帯比売命《おきながたらしひめのみこと》（神功皇后《じんぐうこうごう》）
天児屋根命《あまのこやねのみこと》

広島市
安佐北区

大正時代～昭和初期の社殿

現在の社殿

旧称を白石山八幡宮《しらいしやまはちまんぐう》といい、通称は可部《かべ》の宮、西の宮と呼ばれています。『芸藩通志』には、建久《けんきゅう》元（1190）年に武田朝信《とものぶ》が宇佐八幡宮《うさはちまんぐう》の分霊を下四日市村に勧請《かんじょう》し、建長《けんちょう》5（1253）年に武田信時《のぶとき》が大毛寺村《おおもじむら》白石山（現在地）に奉遷《ほうせん》したと記されています。

また神主家に伝わる伝承では、武田氏勧請前から当地の総鎮守であった神社に武田氏が宇佐八幡宮を勧請、合祀したともいわれています。

武田氏の没落後、一時衰微しましたが、宝永《ほうえい》3（1706）年に近郊12か村の氏子《うじこ》により社殿が再建されました。現在でも可部地域の総鎮守として、人々の篤《あつ》い崇敬を受けています。

現在の石鳥居と標柱

両延神社

所在地：〒731-0232
広島市安佐北区亀山南
3-17-1
電　話：082-812-2676

尾《お》崎《ざき》神《じん》社《じゃ》

社殿の古写真。大正14年頃のものと思われます

「社倉總鎮守」の石碑

現在の社殿

文明2（1470）年に矢野郷発《ほ》喜《き》城主、野間興勝と神官の香川勝重が、尾張国内海の玉依八幡宮の神霊を産土神《うぶすながみ》として尾崎八幡宮を造営。

第11代神官の香川将監正直《かがわしょうげんまさなお》は、凶作や災害に備えて穀物を蓄えておく社倉法を実施し、814町村の人々を救済しました。

この功績により、安永10（1781）年に藩主浅野家の家紋を賜り、芸備両国社倉鎮守の社格となり、境内に石碑が建てられています。

秋には、五穀豊穣を願う秋季例祭が行われます。

主祭神

誉田天皇《ほんだのすめらみこと》（応神天皇《おうじんてんのう》）
気長足姫命《おきながたらしひめのみこと》（神功皇后《じんぐうこうごう》）
玉依姫命《たまよりひめのみこと》

広島市
安芸区

尾崎神社

所在地：736-0085
広島市安芸区矢野西5-5-44
電　話：082-215-0087

神職からのメッセージ　境内から見える景色は氏子地域を一望でき、神様が見守ってくれていると感じられる神社です。秋祭りには、氏子有志による「頂戴（ちょうさい）」が出て、祭りを盛り上げてくれます。ぜひとも足をお運びください。

塩《しお》屋《や》神《じん》社《じゃ》

お祭りの後の記念写真（大正８年）

現在の写真。鳥居や境内周りがかなり変わっています

嚴島神社《いつくしまじんじゃ》の摂社として、推古天皇《すいこてんのう》28（620）年頃に建てられたと伝わります。

御祭神の猿田彦大神は天孫降臨の際に、瓊瓊芸命《ににぎのみこと》を道案内しました。そのことから物事の始めに災いを祓《はら》い、最も良い方向へ縁をつなぐということで、縁結びの神様として親しまれています。

また塩土老翁神は同じく御祭神としてお祀《まつ》りされ、こちらは海幸彦山幸彦の神話に登場する慈愛に満ちた、人の不幸や悩みに手を差し伸べ、良縁を結ぶ神様です。

主祭神

猿田彦大神《さるたひこのおおかみ》
塩土老翁神《しおつちおじのかみ》

広島市
佐伯区

塩屋神社

所在地：〒731-5134
広島市佐伯区海老山町 8-12
電　話：082-922-5128

神職からのメッセージ　たくさんの方に参拝いただけるようになり、当社はとても活気に溢れるようになりました。これも参拝いただいている皆さまとのご縁と存じます。

八幡神社《はちまんじんじゃ》

主祭神

品蛇和気命《ほんだわけのみこと》（応神天皇《おうじんてんのう》）
帯仲津日子命《たらしなかつひこのみこと》（仲哀天皇《ちゅうあいてんのう》）
息長帯日賣命《おきながたらしひめのみこと》（神功皇后《じんぐうこうごう》）

広島市
佐伯区

延喜《えんぎ》元（９０１）年頃の創建と思われます。

御祭神の帯仲津日子命は、ヤマトタケルの御子で、また同じく御祭神の息長帯日賣命とご夫婦です。そして、その間に産まれた御子が品蛇和気命です。

父神の意思を継いで日本文化の基礎を築き、いつしか八幡の神と呼ばれるようになりました。

五日市小学校の入学式の記念撮影（昭和 10 年）

現在の社殿。後ろの山が造成でなくなり、自然が減りましたが、大きな変化はありません

八幡神社

所在地：〒 731-5127
広島市佐伯区五日市 6-3-13
電　話：082-921-3238

神職からのメッセージ　伝統である喧嘩神輿や神楽をはじめとした秋祭りなど、普段から神社や神主を身近に感じてもらうために SNS を活用し、日々情報を発信しています。

広島県西部エリア

昭和初期に撮影された、正月の記念写真
左は、当時の横田末秋宮司
(吉浦八幡神社、呉市吉浦町)

- 廿日市市
- 大竹市
- 安芸郡府中町
- 安芸郡海田町
- 安芸郡坂町
- 呉市
- 江田島市
- 山県郡安芸太田町
- 山県郡北広島町
- 安芸高田市
- 東広島市
- 竹原市
- 豊田郡大崎上島町

嚴島神社《いつくしまじんじゃ》

主祭神

市杵島姫命《いちきしまひめのみこと》
田心姫命《たごりひめのみこと》
湍津姫命《たぎつひめのみこと》

廿日市市

御祭神は、天照皇大神と素戔嗚尊《すさのおのみこと》が高天《たかまの》原《はら》で剣玉の御誓《うけい》をされたときに御出現になった神々で、皇室の安泰や国家鎮護、また海上の守護神として古くから尊信を受けてきました。厳島（宮島）には神鳥《おがらす》とともに降臨し、鎮座地を探すにあたり、この地を治める佐伯鞍職《さえきのくらもと》に神勅《しんちょく》を下されました。鞍職は神鳥の先導のもと、御祭神とともに島の浦々を巡り、海水の差し引きする現在地に社殿を建てました。推古天皇《すいこてんのう》御即位の年（５９３年）と伝えられています。

その後、当社を篤《あつ》く信仰した平清盛公が、仁安《にんあん》３（１１６８）年に社殿を寝殿造とし、現在のような規模に造営しました。

平家一門のみならず、承安４（１１７４）年の後白河法皇や、治承《じしょう》４（１１８０）年、２度にわたる高倉上皇の御幸があるなど、多くの皇族・貴族が参詣され、都の文化がもたらされました。

この1枚!

昭和4（1929）年2月17日の祈念祭にて撮影。

明治中期の社殿全景（放送大学附属図書館蔵）

明治新政府の神仏分離によって神社からは、仏教的要素のある建造物が排除されました。その影響は当社社殿の意匠にも及び、一時期、朱塗の彩色が落とされ、本殿の千木（ちぎ）・鰹木（かつおぎ）が新たに設けられました。写真奥に見える本殿の屋根に、千木・鰹木が認められます

現在の社殿全景

詳細は不明ですが、社殿前にて撮影された古写真です（広島東照宮所蔵）

嚴島神社

所在地：〒739-0588
廿日市市宮島町 1-1

電　話：0829-44-2020

神職からのメッセージ　嚴島神社の御神徳の宣揚はもとより、推古天皇御即位元年の創始以来、先人たちが護り続けてきた当社の祭事・御社殿を護持し、後世へと受け継ぐことを使命として、日々、神明奉仕に励んでおります。

奥に見えるのが御本社。手前に平舞台と高舞台（撮影：新谷孝一）

嚴島神社を参拝した著名人たち

伊藤博文公参拝
（前列右から４人目、
明治40年）

北里柴三郎博士（前列左から２人目）と
ロベルト・コッホ博士（左から３人目）
参拝記念（明治41年８月）

大隈重信公参拝
（前列右から3人目、
大正7年）

伊藤博文公と朝鮮・李王
世子殿下（明治41年）

嚴島《いつくしま》神社《じんじゃ》摂社《せっしゃ》 地《じ》御前《ごぜん》神社《じんじゃ》

主祭神

市杵島姫命《いちきしまひめのみこと》
田心姫命《たごりひめのみこと》
湍津姫命《たぎつひめのみこと》

廿日市市

嚴島神社の摂社。厳島（宮島）の本社は内宮、当社は外宮と称され、御祭神は嚴島神社と同じです。「島の御前」の本社に対して、「地の御前」、故に地御前神社と呼ばれています。創建は本社と同じ、推古天皇《すいこてんのう》即位の年（593年）と伝えられています。

旧暦5月5日に斎行《さいこう》される例祭（御陵衣祭《ごりょうえさい》）では、蘭陵王《らんりょうおう》などの舞楽や流鏑馬《やぶさめ》が行われ、参道には露店も並び、多くの参拝者が訪れます。また、旧暦6月17日の嚴島神社管絃祭では、御座船《ござぶね》が厳島（宮島）より当社社前沖まで渡り、祝詞《のりと》が奏上されます。

飯田亀丸氏の「社掌就任披露」の記念写真（昭和7年頃）
地御前地域の氏神である大歳神社の社掌就任の際、地御前神社にて記念撮影したものと考えられます。飯田家は代々、地御前神社の棚守を務めていました（上の写真は全体、下の4枚は部分を拡大）

現在の社殿

鳥居と社殿

嚴島神社摂社 地御前神社

所在地：〒738-0042
廿日市市地御前 5-17
電　話：0829-44-2020

大頭神社《おおがしらじんじゃ》

主祭神

大山祇命《おおやまつみのみこと》
国常立命《くにのとこたちのみこと》
佐伯鞍職命《さえきくらもとのみこと》

廿日市市

嚴島神社《いつくしまじんじゃ》の摂社として、推古天皇《すいこてんのう》11（603）年に創祀《そうし》されたと伝えられ、大山祇命、国常立命、佐伯鞍職命をお祀《まつ》りしています。

郷桑原《ごうくわばら》（現在地より500ｍほど南東）に長く鎮座していましたが、周辺の開発が進み、神社の場所としてふさわしくないと当時の宮司が判断したため、大正2（1913）年に妹背《いもせ》の滝側の現在地に遷《せん》座《ざ》しました。

昭和15（1940）年には、皇紀2600年の行事として、浦安の舞が本装束4領で奉奏されました。

当社の秋祭り（旧暦9月28日）には、嚴《いつ》島《しま》の神烏《ごがらす》4羽が飛来し、御烏喰式《おとぐいしき》（神烏にお供えをする儀式）を行った後、親烏2羽は紀州熊野に帰り、子烏2羽は嚴島の弥山に残って、次の1年間の祭りを享《う》けると伝えられています。

この1枚!

枕崎台風（昭和20〈1945〉年9月）により社務所、橋が流出。急ごしらえで橋が架けられました。写真は昭和22（1947）年に、戦後初めて行われた俵もみの様子。

現在地に遷座後の鳥居と境内入口（大正時代）

上：明治時代（旧社地）の鳥居と拝殿
下：皇紀2600年奉祝「浦安の舞」舞姫

大頭神社

所在地：〒739-0488
廿日市市大野5357
電　話：0829-55-0378

神職からのメッセージ　安芸・周防・長門三国に八十末社があり、その大頭であることが社名命名との言い伝えもあります。歴史と伝統ある大神様の御神威を賜り、平穏で満ち足りた生活を送れるようお祈りいたします。

現在の拝殿。令和元年の例祭（秋祭り）の様子

速谷神社《はやたにじんじゃ》

現在の大鳥居。昭和49年に建立されたモルタルの大鳥居は、令和3年に、創建1800年大祭の記念事業の一環として、1.8倍の大きさで再建されました

主祭神

飽速玉男命《あきはやたまおのみこと》

廿日市市

広島県の西部地域は、かつて「安芸国」と呼ばれ、古くは「阿岐」と書きました。

当社は、安芸国建国の祖神「飽速玉男命」を奉斎《ほうさい》する、県内屈指の古社です。平安時代中期の法典『延喜式《えんぎしき》』(注4)では、中国・九州地方唯一の「官幣大社《かんぺいたいしゃ》」(最高位の国家鎮護の神社)に列せられ、朝廷から特別な崇敬を受けました。

中世以降は戦国大名、大内義隆や毛利元就が信仰を寄せ、また広島藩主の浅野光《みつ》晟《あきら》以下、歴代藩主が社殿を造営し、明治に始まった近代社格制度では県内でも2番目に社格が高い「国幣中社《こくへいちゅうしゃ》」に列格しました。

畿内と九州を結ぶ大動脈、「山陽道」の守護神としても殊に有名で、「車を買ったら速谷さん」といわれ、全国有数の交通安全の神社として、多くのドライバーが訪れています。

注4 『延喜式』／延長5(927)年に完成。当時の律令の施行細則が記されている。

旧社殿は大正13(1924)年に完成。大正の大造営には、県内各地から約4000人が労力奉仕に参加しました。昭和63(1988)年に再建された社殿は、本殿、祝詞《のりと》殿《でん》、幣殿、拝殿が一体化した、近代的な複合社殿形式です。

大鳥居(明治38年)。明治以前から木造の両部鳥居が建っていました

現在の社殿

旧社務所。内務省神社局設計で、昭和2年に完成しました

速谷神社

所在地:〒738-0026
廿日市市上平良308-1
電　話:0829-38-0822

神職からのメッセージ 令和6年に創建1800年大祭を迎えるほど、県内でも大変に古い由緒が伝わる神社です。
毎年10月12日には、安芸国の建国を祝う「阿岐祭(あきさい)」が斎行されます。

旧社務所は、平成10年に新しい社務所が建設され役目を終えましたが、平成23年に、神職が潔斎精進する斎館と常設の神楽殿として生まれ変わりました

多《た》家《け》神《じん》社《じゃ》（埃《えの》宮《みや》）

主祭神

神武天皇《じんむてんのう》
安芸津彦命《あきつひこのみこと》

安芸郡
府中町

この地は、神武天皇が日本を平定する旅の折、立ち寄られた所と伝わります。

その滞在の記録が『古事記』『日本書紀』に記されており、当時の一時的な皇居の名前が『古事記』では多祁理宮《たけりのみや》、『日本書紀』では埃宮《えのみや》と、それぞれ記述されています。

また、多家神社は平安時代中期の法典『延喜式《えんぎしき》』に速谷神社《はやたにじんじゃ》、嚴島神社《いつくしまじんじゃ》とともに安芸国の名神大社として列せられ、全国屈指の大社として、多くの崇敬を集めました。

埃宮と多家神社は異なる由緒を持つ別々の存在でしたが、明治6（1873）年に現在の地に併せて祀《まつ》られることとなりました。その際、広島城三の丸稲荷社の社殿を移築しており、境内の宝蔵はその遺構です。かつて広島城内にあった現存する唯一の建物として大変貴重で、県指定重要文化財となっています。

この1枚!

大正後期～昭和初期の写真。明治時代の社殿は大正4（1915）年に焼失しましたが、大正11（1922）年に再建され、現在に至ります。

大正後期～昭和初期の石段下風景

広島城から移築した宝蔵

多家神社（埃宮）

所在地：〒735-0005
安芸郡府中町宮の町 3-1-13

電　話：082-282-2427

神職からのメッセージ　宝蔵には江戸時代の神輿を納めており、八角鳳輦（ほうれん）の最高格式のものです。残念ながら飾り金具は失われていますが、極彩色などから往時を偲ぶことができます。見学可（要予約）、春季例祭時は一般公開しています。

明治6年に現在の鎮座地に復興された社殿
（明治 45 年の写真、長野電波技術研究所附属図書館蔵）

現在の本殿

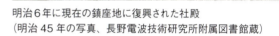

八幡山《やはたやま》八幡神社《はちまんじんじゃ》

主祭神

品陀和気命《ほんだわけのみこと》（応神天皇《おうじんてんのう》）
息長帯日売命《おきながたらしひめのみこと》（神功皇后《じんぐうこうごう》）
天照大御神《あまてらすおおみかみ》

安芸郡
坂町

鶴岡八幡宮《つるがおかはちまんぐう》より分霊をいただき、海路を西へ。文応《ぶんおう》元（１２６０）年に、坂村の風光明媚な地に祠《ほこら》を設けて、鎮座しました。当時20軒ほどの戸数と伝えられています。時代とともに人口が増え続けるなか、神社には不向きな場所とされ、現在地に遷座《せんざ》。

遷座の明確な年については、宗教法人申請書類由緒に「永禄年中、毛利元就現在地に遷座す」との記述が見られ、永禄３（１５６０）年頃と推察されます。

天正年間の１５８０年前後、連年疫病・悪虫がはびこり村民の多くが亡くなったと伝わります。その際、神主が社《やしろ》に籠り一念に祈願したところ、次第に疫病・悪虫は退散し、平和のうちに百穀の豊潤をみて、村民は歓喜し、祭典をもって感謝を表しました。これが秋の大祭の起源で、旧暦８月15日に行われていましたが、氏子《うじこ》の要望により、戦後は10月第２日曜に変更されました。

この
1枚!

昭和30年代の秋祭り。秋祭りには、氏子より曳船・頂載・獅子舞・屋台といった寄進物が奉納されます。これらは江戸時代、出稼ぎにいった村民たちが、各地の芸能を見聞きして持ち帰り、坂村の各所に芸能の座をつくって、研究・改良を重ね続けたうえ、伝え受け継がれたもので、現在も祭りを大いに盛り上げています。

戦前の神社参拝

昭和 20 年代の風景

八幡山八幡神社（通称 坂八幡神社《さかはちまんじんじゃ》）

所在地：〒 731-4313
安芸郡坂町坂東 2-8-1
電　話：082-885-1248

神職からのメッセージ 氏子・総代のご協力を賜り、受け継がれてきた伝統文化を、より多くの方に知っていただき、今後も継承していけるよう奉仕していきたいと思います。

現在の社殿

亀《かめ》山《やま》神《じん》社《じゃ》

主祭神

品陀和気命《ほんだわけのみこと》（応神天皇《おうじんてんのう》）
帯中津日子命《たらしなかつひこのみこと》（仲哀天皇《ちゅうあいてんのう》）
息長帯日売命《おきながたらしひめのみこと》（神功皇后《じんぐうこうごう》）

呉市

昭和 30 年に竣工した、現在の社殿

旧社格は県社。別表神社（注5）であり、旧呉市の総氏神《そううじがみ》です。

大分県宇佐《うさ》より姫島を経由して呉に渡り、大宝3（703）年に呉宮原村字亀山（現入船山公園）の地に鎮座しました。応神天皇、神功皇后、仲哀天皇を主祭神としてお祀《まつ》りする「八幡宮」です。

明治19（1886）年、呉の地に海軍鎮守府が置かれることが決まり、約1200年鎮座した入船山を離れ、明治23（1890）年に、現在の呉市清水に移転し、現在に至ります。

昭和 30 年建て替え時の仮本殿台座

注5　別表神社／神社の由緒や規模などを考慮して、神社本庁が定めた神社。

この1枚!

再建に向けて本殿移動。昭和30（1955）年に、戦災からの正式な再建を行うため、仮殿を建設しました。再建工事期間中、仮の本殿としていた水交神社《すいこうじんじゃ》の社《やしろ》を人力で移動させました。

戦災で消失する前の社殿。昭和 9 年に火災に遭いましたが、同年、再建された際の写真

昭和 30 年の再建上棟の様子

昭和 20 年に戦災で焼失し、昭和 22 年から簡素な社殿を再建。焼失を免れた海軍水交神社の社を仮の本殿として、バラック小屋のような社殿としています

亀山神社

所在地：〒 737-0022
呉市清水 1-9-36

電　話：0823-21-2508

神職からのメッセージ　現在地に移転して 130 年余り。呉湾を見下ろす清水の丘に鎮座し、境内からは呉の町並みや瀬戸内海が見渡せます。鳥居の先から瀬戸内海に沈んでいく夕日も絶景です。どうぞお詣りください。

現在の本殿

神田神社《かんだじんじゃ》

主祭神

品陀和気命《ほんだわけのみこと》（応神天皇《おうじんてんのう》）
帯中日子命《たらしなかつひこのみこと》（仲哀天皇《ちゅうあいてんのう》）
息長帯姫尊《おきながたらしひめのみこと》（神功皇后《じんぐうこうごう》）

呉市

神功皇后《じんぐうこうごう》が三韓《さんかん》よりの帰途、豊前《ぶぜん》の国、宇佐《うさ》で皇子、応神天皇《おうじんてんのう》をお産みになり、その後天皇とともに還幸《かんこう》の途中、安芸の国、阿賀村冠崎の浜に船を係留したところ、連日悪風が続いたため、同村神達《かんだち》（本宮）のうち神風呂《こうふろ》（別称、神経《こうふる》）に逗留休息されました。その地続きが、現在の宮地です。その山裾は、一帯がもと砂浜の入り江でした。

その後、平安時代末、天永3（１１１２）年5月、安芸郡加賀須浦《かがすうら》（別称、香津浦《かがつうら》）の神経山に社殿を建立して、足仲彦尊（仲哀天皇《ちゅうあいてんのう》）のほか五柱の御祭神を奉斎《ほうさい》し、神達八幡と称え、この浦の氏神《うじがみ》としました。

厳島《いつくしま》文書によれば、仁安《にんあん》年間（１１６６～１１６８年）に平清盛が安芸郡穏渡《おんど》（音戸）の瀬戸を開削する際、当社に奉幣使《ほうへいし》(注6)を遣わし工事の進捗を祈願したとされています。

また、永正《えいしょう》年間（１５０４～１５２０年）に源盛勝が神達の森峯に神殿を奉造したこ

注6 奉幣使／神前に供物を捧げるため、神社などに参向する使者。

この1枚！

幣帛供進使を迎え、呉市長をはじめ愛国婦人会、呉市遺族会の代表者、氏子《うじこ》総代参列のもと、紀元二千六百年記念特別大祭が斎行《さいこう》されたときの様子（昭和15〈1940〉年）。正服姿が幣帛供進使、後方に各種団体の代表者、伶人《れいじん》（雅楽の演奏者）、拝礼しているのが宮司、その後方が祭員です。

右：参拝を終えて（昭和３年頃）
下：現在の社殿

明治 40 年頃の神社風景

とが、古い棟札《むなふだ》に記してあります。

その後、天文《てんぶん》6（1537）年5月、神立《かんだち》（現在地）のうち香賀須山《かがすやま》（別称、香津山《かがつやま》）に奉移《ほうい》し、さらに永禄5（1562）年6月、同地の社地を広げ社殿を改築。同月8日ここに鎮座して、神田八幡宮と称しました。

江戸時代以降、再建を重ね、大正5（1916）年には幣拝殿を一棟とする大改築と境内の拡張整備を行っています。

なお、明治4（1871）年に社号を改めて神田神社と称し、明治40（1907）年、神饌幣帛料供進神社《しんせんへいはくりょうきょうしんじんじゃ》の指定を受けました。社叢《しゃそう》は呉市指定天然記念物、絵馬は呉市指定重要文化財です。

神田神社

所在地：〒737-0003
呉市阿賀中央 1-1-26
電　話：0823-71-8138

神職からのメッセージ　万葉集に詠まれた風光明媚な地。平清盛公をはじめ、広島藩歴代藩主の尊崇の念を集め、失意の中にあった頼山陽が、この地で『日本外史』の推敲を重ねたと伝わります。歴史ロマン溢れる神社にお参りください。

吉浦八幡神社《よしうらはちまんじんじゃ》

主祭神

品蛇和気命《ほんだわけのみこと》（応神天皇《おうじんてんのう》）
帯中津日子命《たらしなかつひこのみこと》（仲哀天皇《ちゅうあいてんのう》）
息長日売命《おきながたらしひめのみこと》（神功皇后《じんぐうこうごう》）

呉市

吉浦町は呉市の西側に位置し、三方を山に囲まれ、南には瀬戸内海が広がっています。からくも戦禍を逃れ、古くからの伝統文化が比較的多く残っています。「かにまつり」もその一つ。地元愛が強く、老若男女の町民が、伝統と格式を重んじながら誇りを持って伝えてきました。

伝承によると、小早川隆景が所用のため三原城から広島城に向かう途中、船が音戸の瀬戸を過ぎた辺りから、激しい頭痛と高熱に襲われました。吉浦の浜に上陸して休息の場所を探していたところ、付近の丘の上にある祠《ほこら》の崖の下に石風呂（現代のサウナ）があるので、そこに入浴するよう土地の人に勧められました。

隆景が祠に参詣し、石風呂に入ると、熱も頭痛もとれて青年のように気力も湧いてきました。非常に喜んだ隆景は、再び祠に参詣して感謝と武運長久を祈願し、その後

この1枚!

浦安の舞の舞姫4人（昭和15〈1940〉年）。皇紀2600年（昭和15年）の奉祝の舞「浦安の舞」を、先々代宮司の横田末秋が皇典講究所より学び、奉奏しました。これをきっかけに、神前神楽舞・巫女舞・祭祀舞の伝承の会を、発足。その後、先代宮司横田典章のときより「雅の会」と称しました。現在、横田光則宮司へと引き継がれ、氏子《うじこ》から舞姫（6歳～大人まで）を募って、脈々と舞い続けられています。

明治期の社殿。日清戦争、威海衛（いかいえい）の戦いで収容した戦艦の砲弾、明治時代シベリア鉄道に関わった石工たち162人の記念の唐獅子石像が寄進されています

昭和21年の慰霊祭

八幡神社を勧請《かんじょう》して建立しました。天正19（1591）年～文禄4（1595）年のことであろうといわれています。

吉浦八幡神社

所在地：〒737-0864
呉市吉浦町西城町1-1

電　話：0823-31-7380

神職からのメッセージ 吉浦の良さ、神への感謝、畏敬、国柄の香りと伝統文化を継承していく大切さを痛感しています。これからも「神様と和する」愛される神社であるよう地域の祭りが、心豊かに生きる糧となるよう務めていきたいと思います。

吉浦町民の忠魂碑が建立され、毎年春には、町民をあげて慰霊祭を行っています

清神社《すがじんじゃ》

主祭神

素戔嗚尊《すさのおのみこと》

安芸高田市

保存されている棟札によると、明治 26 年5月1日に本殿屋根、椽（えん）、階（きざはし）、花表（とりい）の修繕を行っています。神職５人が足場に上がっていますが、着工など修繕に関連する祭祀のときに撮影されたものと考えられます。屋根は檜皮葺き、本殿の石垣に玉垣はありません

郡山《こおりやま》の南麓、数百年を経た御神木が屹立する中に本殿があり、主祭神に素戔嗚尊、相殿《あいどの》には奇稲田媛《くしなだひめ》、脚摩乳《あしなづち》と手摩乳《てなづち》など五男三女神を祀《まつ》ります。『日本書紀』は、素戔嗚尊が八岐大蛇《やまたのおろち》を退治した地は安芸国の可愛之川《えのかわ》上とし、近郷には八岐大蛇を祀った八面荒神《やつむてこうじん》や稲田橋、簸《ひ》の川、大蛇が淵などの地名があり、これが神代から鎮座と伝えられている由縁です。

かつては行宮清神社《あんぐうすがじんじゃ》、祇園崇道《ぎおんすどう》、祇園社と呼ばれていましたが、明治初期に清神社となりました。清「すが」は、八岐大蛇を退治した素戔嗚尊が「吾が心、清清し」と言ったという故事に因んでいます。

中世には京都祇園社の荘園、吉田荘の鎮守。後に毛利氏の氏神《うじがみ》となり、正中《しょうちゅう》2（1325）年から現本殿造営の元禄7（1694）年まで、毛利元就をはじめ、毛利氏の宮普請の棟札《むなふだ》16枚が残されています。

撮影年代は不明ですが、石垣前の榊が２本確認できることから、明治 26 年より時代が下ります（右ページの写真は榊が1本）。屋根は同様に檜皮葺きで、本殿の石垣に玉垣はありません

元禄7年に建立された現在の本殿。桁行五間、梁間三間、入母屋造り、屋根正面に千鳥破風と軒唐破風を付けた五間社の、全国的にも珍しい巨大本殿です。かつて大屋根は檜皮葺でしたが、その後、枌（そぎ）葺、亜鉛鉄板（トタン）葺などを経て、平成 18 年に「平成の大修理」を行い、耐久性のある銅板に葺き替え、現在に至っています。玉垣を巡らせた精緻な亀甲積みの石垣は、昭和 12 年5月に竣工、86 年経過していますが、いまだに当初の美しさを見せています

清神社

所在地：〒 731-0501
安芸高田市吉田町吉田 476

電　話：0826-42-0123

神職からのメッセージ 人の一生は、わずか数十年。それよりはるか以前から、私たちを見守ってくれているお宮とその時代の神職さん。時代は違えど、想いは通じるであろうことに、この役割の深い意味を感じます。

榊《さかき》山《やま》八幡《はちまん》神社《じんじゃ》

主祭神

品陀和気命《ほんだわけのみこと》（応神天皇《おうじんてんのう》）
息長帯日賣命《おきながたらしひめのみこと》（神功皇后《じんぐうこうごう》）
宗像三女神《むなかたさんじょしん》

東広島市

用明天皇《ようめいてんのう》の時代（５８５〜５８７年）に、青木兵部が当地の片山（鳴河《なるかわ》とも）に宇佐《うさ》八幡宮《はちまんぐう》を勧請《かんじょう》したのが創祀《そうし》。

その後、長治《ちょうじ》２（１１０５）年に当地・榊山に遷座《せんざ》し、亀山八幡宮と称していましたが、天文《てんぶん》年間（１５３２〜１５５５年）に榊山八幡宮と改称しました。

天文10（１５４１）年に本殿が修理され、宝永２（１７０５）年に改築。さらに安永３（１７７４）年に再建され、明治40（１９０７）年に現在の社殿となりました。

また、当地は広島杜氏《とうじ》発祥の地で、境内には酒造りの守護神、松尾神社が鎮座し、多くの醸造家の崇敬を集めています。

境内には、軟水による改良醸造法を完成させた三浦仙三郎の銅像や旌忠碑《せいちゅうひ》、安芸津町護国神社・石指天満宮《いしざしてんまんぐう》等が祀《まつ》られ、早朝より健康づくりのための参拝者が絶えません。

社務所が占領軍事務所として接収されている中、17代宮司と広島から嫁いだ嫁親族との神前結婚式記念写真（昭和22〈1947〉年）。右上に見える向拝《こはい》に打ちつけられた英文のスポットが、時代を表しています。

明治 40 年の竣功祭。日清・日露の戦役をまたぎ、やっと落成した現社殿の祝賀会で、町民挙げて慶祝の宴を行ったそうです

大正後期の本殿（広島県立文書館蔵）

榊山八幡神社

所在地：〒739-2402
東広島市安芸津町三津字榊山5513
電　話：0846-45-0410

神職からのメッセージ 氏子・崇敬者の敬神崇祖の念篤く、明治再建の図に合わせて、現在なお社殿を整備中です。環境保全林の境内林とともに国登録文化財の指定も受け、後世に心を伝えてまいります。

現在の拝殿

重松神社《しげまつじんじゃ》

主祭神

譽田天皇《ほんだのすめらみこと》（応神天皇《おうじんてんのう》）
気長足姫尊《おきながたらしひめのみこと》（神功皇后《じんぐうこうごう》）
宗像三女神《むなかたさんじょしん》

東広島市

祖霊社の鳥居竣工
（昭和 18 年春）

当社は木谷《きだに》地区の氏神《うじがみ》で、大分県の宇佐《うさ》八幡宮《はちまんぐう》（現在の宇佐神宮）より勧請《かんじょう》したと記録されています。そのため、明治期までは「重松八幡宮」という神社名で、木谷では「八幡さん」と呼ばれていました。

明暦4（1658）年の神社再建の棟札《むなふだ》と、慶安5（1652）年発行の7代神主の神道裁許状があり、15世紀には建立されていたと推測できますが、『安芸津町史』(注7)には南北朝期（1336～1392年）に創建されたのではないかと書かれています。

また、第13代神主、大成景房《かげふさ》が記した『大成家沿革記』によると、初代神主は木谷姓ですが、2代目は大崎上島から跡継ぎを迎え大成姓となり、4代目は光海神社《こうかいじんじゃ》（竹原市吉名町）から迎えています。当時の光海神社には土肥《どひ》景位《かげたか》・景次《かげつぐ》という兄弟の神主がおり、天正5（1577）年、弟の景次が当社の跡継ぎとして迎えられ、大成姓を

注7 『安芸津町史』／広島県東広島市発行、平成 23 年

名乗りました。なお、兄弟の名前の「景」の字は、小早川隆景公が戦勝祈願のため光海神社に参拝した元亀《げんき》元（1570）年に賜りました。以後、当社と光海神社の神主の名前には「景」の字が付くことになります。

この1枚!

例祭では、「巫女舞」の奉納のほかに、「大名行列」という特殊神事が行われています。古くからあった神輿《みこし》渡御《とぎょ》に大名行列を加えたもので、４種類の囃子が奏されるだけでなく、はさみ箱と奴が独特の所作（足拍子）をしながら、しかも伊勢音頭を唄いながらゆっくり進んでいくという、近隣では珍しい大名行列です。寛政7(1795)年に始められたことが『大成家沿革記』に記されており、長い歴史をもっています。写真は昭和21（1946）年10月の例祭で大名行列の仮装をした供方《ともかた》青年団。

昭和 18 年の祖霊祭。この社は大成家の祖霊社であり、木谷地区の招魂社でもあります。忠魂碑に戦病没者の名前を刻めなくなったため建てられ、以後ここで祭りが行われることになりました。斎主は 16 代神主の大成景幹

日支事変祈願祭（昭和 12 年）
蘆溝橋事件をきっかけに起こった日中戦争は、当時、「支那事変」「日支事変」と呼ばれていました

重松神社

所在地：〒739-2401
東広島市安芸津町木谷 415
電　話：0846-45-0833

神職からのメッセージ　当社の例祭は 10 月第３日曜に行われており、特殊神事である大名行列は、東広島市の無形文化財に指定されるよう申請中です。詳しくは当社のホームページをご覧ください。

稲荷神社。昔は若宮と呼ばれていました

礒宮八幡神社《いそのみやはちまんじんじゃ》

主祭神

品陀和気命《ほんだわけのみこと》（応神天皇《おうじんてんのう》）
息長帯比売命《おきながたらしひめのみこと》（神功皇后《じんぐうこうごう》）
宗像三女神《むなかたさんじょしん》

竹原市

忠孝岩（昭和 11 年、
広島県立文書館蔵）

再建竣工時
（昭和 51 年９月）

建久《けんきゅう》５（１１９４）年、鎌倉幕府の御家人、後藤兵衛実元《ごとうひょうえさねもと》が豊前《ぶぜん》国の宇佐八幡宮《うさはちまんぐう》より勧請《かんじょう》し、実元没後に徳を慕った里人等が鳳伏山《ほうふくざん》に奉遷《ほうせん》して祀《まつ》ったと伝えられています。そのとき磯辺に祀ったので、礒宮と称したといわれています。

のち、万治《まんじ》元（１６５８）年、当時の神官、唐崎正信に宇佐八幡のご神託があり、現在地である宮木山に遷座《せんざ》しました。この時より宮木山は、礒宮山と改められました。

昭和42（１９６７）年７月９日、集中豪雨により神社裏山が崩壊し、本殿をはじめとする社殿および随神門など県文化財指定の建物が全壊。昭和51（１９７６）年９月に鉄骨造の現社殿が再建されました。

なお、境内の心字池の一隅にある忠孝岩は、５代神官、赤齋唐崎常陸介《せきさいからさきひたちのすけ》信徳が、地元の人々に尊皇思想を植えつけようと、千引岩に宗の文天祥《ぶんてんしょう》が残したという「忠孝」

の拓本を写し、自らの手で刻んだものといわれています。

この1枚!

ふとん太鼓と神輿《みこし》の巡行出発前の記念撮影と思われます。撮影年月日は不明ですが、服装や担ぎ手の多さからみて、竹原の塩づくりが盛んだった昭和10年代頃の例祭（9月15日）でしょう。担ぎ手のほとんどが酒に酔ってしまい、途中から平素塩を担いで運んでいる猛者4人で、神社まで担いで帰ったというエピソードを聞いたことがあります。

拝殿。詳細はわかりませんが、「安藝竹原礒宮八幡神社拝殿」の文字から、戦前に撮影されたものと推定されます。手前の屋根は、随神門のものと思われます

平成17年9月の例祭でのふとん太鼓。市内巡行出発時に神社前で撮影した写真。竹原の伝統文化である「ふとん太鼓」は、担ぎ手不足により長年中止されていましたが、平成10年の例祭から、竹原商工会議所青年部が代々世話役となり復活。コロナ禍前の令和元年まで、市内（旧竹原町）の街中を中心に4時間余りかけて巡行していました

礒宮八幡神社

所在地：〒725-0023
竹原市田ノ浦1-6-12

電　話：0846-22-2529

神職からのメッセージ　宮司が高齢となり後継者がいないという問題がありますが、総代とともに企画に頭を悩ませながらも、例祭などで奉納行事を執り行っています。「ふとん太鼓」は、今も担ぎ手不足に対策が必要ですが、今年は、巡行経路を短縮して実施予定です。

現在の拝殿。令和4年9月に、諸祭礼記録写真として撮影

光《こう》海《かい》神《じん》社《じゃ》

主祭神

品陀和氣命《ほんだわけのみこと》（応神天皇《おうじんてんのう》）
息長帯比賣命《おきながたらしひめのみこと》（神功皇后《じんぐうこうごう》）
玉依姫命《たまよりひめのみこと》

竹原市

鍋倉城址より吉名市街を望む（昭和 10 年代頃）。写真の向かって左端から、さらに左へ 200m ほどの場所に、当社があります

現在の鳥居と標柱

現在、八幡社《はちまんしゃ》と厳島社《いつくしましゃ》が相並んで奉斎《ほうさい》されています。社名は、古くは単に八幡宮でしたが、伝説では、その後、小早川隆景公に「光海」の二文字を賜ったとあり、明治以前までは光海八幡宮と称していました。

創祀《そうし》年は不明ですが、仁治《にんじ》2（1241）年の古文書に神田二反を有する神社だったことが記されていますので、800年以上は前となります。現存する最古の棟札《むなふだ》は、八幡社が正和《しょうわ》5（1316）年、厳島社が正慶《しょうきょう》2（1333）年です。なお、棟札は八幡社・厳島社合わせて15枚あります。

伝承によると、六郎左衛門という漁師が沖で漁をした際、網に御神石《ごしんせき》がかかり、取り捨てても三度網にかかりました。不思議に思い、「掛の大岩」と呼ばれる岩の上に置いて帰ったところ、夜になり、その石が光を発し、海中を照らしました。すると宮山に竜灯が上がったことから、祠《ほこら》を造り皆

境内社

八坂神社《やさかじんじゃ》

旧御旅所（現在の八坂神社）。昭和 10 年代頃の写真

現在の八坂神社

正保《しょうほう》年中（1644 ～ 1647年）に、庄八という者が京都祇園社から勧請《かんじょう》し、私有林に祠を建てて祀ったのが始まりで、その後、延享《えんきょう》年中（1744 ～ 1748年）に谷中一同が祭組になったと伝わります。古い文献では「ぎおん」「森山神社（祇園牛頭王社《ぎおんごずおうしゃ》）」と記されていますが、近代に入ってからは「八坂神社」で通しています。以前は、奴行列なども出て夜神楽なども奉納され、町内でも一番の賑わいをみせていましたが、過疎・高齢化が進む中、祭の執行も難しい状況になっています。

昭和 10 年代頃に発行された絵葉書。上に貼り付けてある文書は、小早川隆景公奉納の「法楽百韻連歌一軸」で、昭和 46 年に竹原市の重要文化財指定を受けました

で祀《まつ》ったのが当社の始まりと伝わります。古くは、その「掛の大岩」まで神輿《みこし》渡御《とぎょ》が行われていたといいます。

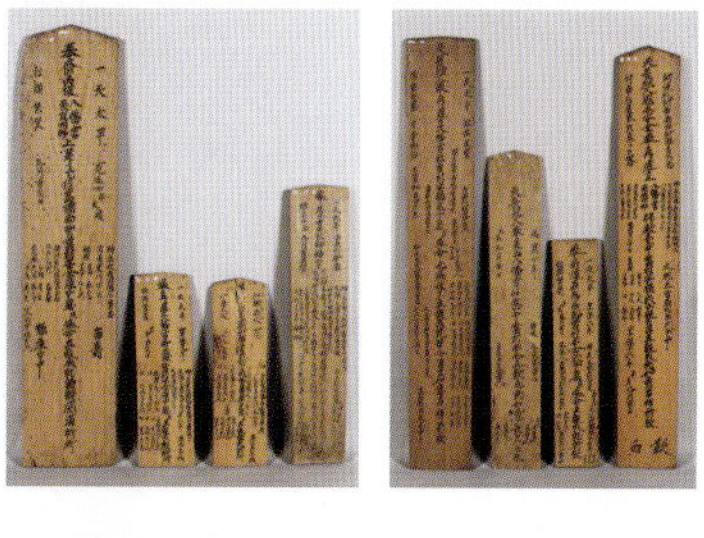

当社に残る古い棟札。竹原市の重要文化財です（写真提供：竹原市観光協会）

現在の拝殿

光海神社

所在地：〒 725-0013
竹原市吉名町字宮條 2046
電　話：0846-25-1524

廿日市天満宮《はつかいちてんまんぐう》

主祭神

菅原道真公《すがわらのみちざねこう》

廿日市市

昭和初期の正面入口（上）と廻廊（右下）

現在の正面入口と廻廊

鎌倉時代の承久《じょうきゅう》2（1220）年、藤原親実公《ふじわらのちかざね》が嚴島神社《いつくしまじんじゃ》の神主として幕府より任命され、廿日市の桜尾城に着任。天福《てんぷく》元（1233）年に、守護神として鎌倉の荏柄天神《えがらてんじん》を勧《かん》請《じょう》し、この篠尾山《ささおやま》に社殿を造りました。

また、親実公は嚴島神社造営のため、鎌倉より多くの大工、小工、桧皮師《ひわだし》、瓦師、鍛冶鋳物師などを招き、その子孫も多くこの地に永住するようになり、町も港も栄えるもとを開きました。

親実公より15代続いた藤原神主職も、天文《てんぶん》2（1533）年、周防の大内義隆に討たれ断絶しましたが、この天満宮の祭礼神事は、大内氏が嚴島の上郷《かみごう》、祝師《はふりし》、棚守職らに命じて往古のごとくに行わせ、神領も寄進して御神徳はますます栄えました。

10月第2日曜の例祭の神幸式（神輿《みこし》行列）は、廿日市を代表する祭礼として有名です。

廿日市天満宮

所在地：〒738-0012
　　　　廿日市市天神 3-2

電　話：0829-31-0501

神職からのメッセージ　勉学の守護神、菅原道真公が御祭神で、受験生からの崇敬が厚い神社です。1月25日の初天神講大祭や5月25日の天神講大祭では特殊神事、鳴釜神事が行われ、多くの参詣者で賑わいます。

大瀧神社《おおたきじんじゃ》

主祭神

多岐津姫命《たぎつひめのみこと》

大竹市

昭和 11 年、拝殿改修工事中の一枚（写真提供：大竹市教育委員会）

昭和 43 年 10 月、秋季大祭での神官・氏子総代と神輿の供奉者の集合写真。当時は町内の各地区持ち回りで、神輿を担いでいました

現在の社殿

多岐津姫命を主祭神とし、宇迦《うが》之御魂命《のみたまのみこと》、事代主命《ことしろぬしのみこと》、大山津見命《おおやまつみのみこと》、金刀比羅《ことひら》大神《おおかみ》、天鳥船大神《あめのとりふねのおおかみ》、住吉大神をお祀《まつ》りしています。嚴島神社《いつくしまじんじゃ》兼帯七社の一社で、第33代推古天皇《すいこてんのう》の瑞正《ずいしょう》5（597）年旧暦9月19日に、多岐津姫命が推古桜の所在地である弥ヶ迫《いやがさこ》（現在の元町4丁目）に鎮座されたのが始まりです。

その後、新開地の開発により農業や手すき和紙の生産が盛んになり、人口も増加して、大竹の町も発展。元亀《げんき》元（1570）年、弥ヶ迫より七ツ《ななつ》畔《ぐろ》（白石）に遷座《せんざ》し、「田中大明神」と称しました。次いで、元文《げんぶん》5（1740）年、現在地の歯朶山《しだやま》に遷座し、「大瀧神社」と改めました。

毎年10月第3日曜に斎行《さいこう》される「大竹祭」渡御《とぎょ》式では、奴行列、御所車《ごしょぐるま》、神輿《みこし》、山車《だし》、太鼓と、約1000人の氏子《うじこ》崇敬者が練り歩きます。奴行列と毎年新たに作製される山車6基は、昭和47（1972）年、大竹市指定重要無形文化財第1号に指定されています。

大瀧神社

所在地：〒739-0614
大竹市白石 1-4-1

電　話：0827-52-4878

神職からのメッセージ　本殿までは階段でしか上がれませんが、階段下の社務所神殿で御祈願を受けられます。四季を感じられる境内は、春は隠れた桜の名所。また、小瀬川上流の木野(この)一丁目には厳島神社があり、大竹市内で宗像三女神をお詣りできます。

大歳神社《おおとしじんじゃ》〈玖波《くば》〉

主祭神

大歳神《おおとしのかみ》

大竹市

正面入口、鳥居（上：昭和初期、右：現在）

拝殿（昭和初期）

現在の社殿。昭和20年の枕崎台風などで傷みが甚だしく、昭和42年に西村公尚が再建しました

創祀《そうし》年代は不詳ですが、古くから神生石《みあれいし》と呼ばれる石があり、信仰の対象として崇拝され、後にその横に神殿を建立したものと推測されます。

享保15（1730）年9月17日の夜祭のとき、提灯より出火し、社殿裏より御神体を仮宮を設けて遷宮し、18日の祭礼を19日に執行したと伝えられています。

その後、享保17（1732）年、西村河内守須久が本殿を再建し、元《げん》文《ぶん》3（1738）年、拝殿と廊下を建立。天明（1781～1789年）の頃に、西村美濃守公久《きみひさ》と父常久《つねひさ》が本殿を再建しました。

大歳神社〈玖波〉

所在地：〒739-0651
大竹市玖波5-1034

電　話：0827-57-7307

神職からのメッセージ　現在の社殿建設時、消防法が厳しかったことや、町の状況などから鉄筋造りになりましたが、今後、木造に建て替えることができればと思っています。

大《おお》歳《とし》神《じん》社《じゃ》〈黒《くろ》川《かわ》〉

旧社殿（昭和初期）

現在の社殿

左：正面からみた旧社殿（昭和初期）、右：正面からみた現在の社殿

当社は、玖波の大歳神社の分霊をお祀《まつ》りしています。

大正9（1920）年7月3日に社殿を全焼しましたが、神社合併により空いていた、本郷観音村大字三宅の社殿を同年9月に購入し、翌年4月10日に遷座《せんざ》しました。

現在の社殿は、広島岩国道路にかかるため、平成元（1989）年に移転遷座したものです。

主祭神

大歳神《おおとしのかみ》

大竹市

大歳神社〈黒川〉

所在地：〒739-0653
大竹市黒川3-55-4

電　話：0827-57-7307

神職からのメッセージ　この地域には、三菱レイヨン（現三菱ケミカル）の社宅があって、多くの子供たちが行事に参加していました。現在は単身寮のみとなり寂しくなりましたが、地域に貢献できるよう、今後も努めてまいりたいと思います。

大《おお》歳《とし》神《じん》社《じゃ》〈松《まつ》ヶ《が》原《はら》〉

主祭神

大歳神《おおとしのかみ》

大竹市

斜めからみた昭和初期の社殿

斜めからみた現在の社殿

正面からみた社殿（左：昭和初期、右：現在）

社殿の建築年代は不詳です。平成３（１９９１）年に、所有地の一部を松ヶ原小学校用地として処分し、代替地を取得。平成７（１９９５）年10月、社務所を横に建設。平成13（２００１）年９月、芸予地震による被害箇所の修復が完了。平成18（２００６）年９月、参道の敷石を整備、手水鉢一基を設置。平成21（２００９）年９月、大幟用支柱を設置、整備。平成27（２０１５）年12月には、同地区にある法人格のない若宮社を再建しました。

大歳神社〈松ヶ原〉

所在地：〒739-0657
大竹市松ヶ原奥ヶ迫791

電　話：0827-57-7307

神職からのメッセージ　社殿の中に、獅子噛みのついた杮葺き（こけらぶき）の本殿があり、いたる所に傷みが出ていますが、今後、専門家による杮部分などの修理を行えば、価値あるものとして、将来に伝えていけると思います。

出《で》崎《さき》森《もり》神《じん》社《じゃ》

主祭神

宗像大神《むなかたのおおかみ》
八幡大神《はちまんのおおかみ》
住吉大神《すみよしのおおかみ》

安芸郡
海田町

元禄 15 年に建てられた、茅葺屋根の旧拝殿。写真には写っていませんが、奥に本殿があり、慶長３年の建築でした。撮影年は不明ですが、平成４年の火災に遭う前の姿です

筑前《ちくぜん》国の宗像大社《むなかたたいしゃ》より大宮司の支族、宗像久延《ひさのぶ》が神託を受け、霊亀《れいき》元（715）年霜月二の卯日、海田のつつみの浦に、村人総出の松明に迎えられ、一祠《いっし》を建立して宗像明神と称したと伝えられます。

永禄元（1558）年、毛利氏の武将、安芸中野の鳥籠《とのご》城主、阿曽《あそ》沼元郷《ぬまもとさと》が本殿を再建し社領米を献じ、さらに豊前《ぶぜん》国の宇佐八幡宮《うさはちまんぐう》の御霊を勧請《かんじょう》・合祀し、守護鎮社として深く崇敬しました。その後、寛保《かんぽう》3（1743）年に改築、幣拝殿は天保15（1844）年に改築され、茅《かや》葺《ぶき》の大宇《おおう》（大きな屋根）は壮観でした。

社殿は平成４年、火災により焼失しましたが、平成８年、氏子崇敬者の多大なる奉納により再建されました。
再建後の本殿・拝殿は、総檜造り、屋根は銅板葺です

出崎森神社

所在地：〒 736-0011
安芸郡海田町寺迫 2-15-35
電　話：082-247-1363（白神社が兼務）

神職からのメッセージ　特殊神事「ひともしまつり」は、海田町の無形文化財となっています。大松明、小松明に火をつける、神迎（かみむかえ）の神事で、例祭日の前日に行われます。

宇津神社《うつじんじゃ》

主祭神

八十禍津日大神《やそまがつひのかみ》
神直日大神《かむなおびのかみ》
大直日大神《おおなおびのかみ》

呉市

大正時代～昭和初期の社殿

現在の社殿

御祭神は、八十禍津日大神で、宇《う》津大神《つのおおかみ》とも呼ばれます。次に神直日大神、次に大直日大神。併せて祓戸《はらえど》三柱大神《みはしらのおおかみ》と称します。

神武天皇《じんむてんのう》東征の折、宇津大神の先導で当地に足跡を記し、大長《おおちょう》という良い名を残されたといいます。孝霊《こうれい》天皇《てんのう》の御子、彦狭嶋命《ひこさじまのみこと》が伊予国に下向し、「皇都鎮守四海静謐」（国家安泰）の祈所として、大長島に宇津の御社を、卜定奉祀《ぼくじょうほうし》（注8）しました。これが当社の起源です。

近世に入り、北前船航路の開発に伴い、風待ち・潮待ちの港として御手洗《みたらい》町は発展し、西国雄藩の諸名をはじめ来島する者後を絶たず、崇敬者は、11か国16万世帯に及びました。ことに伏《ふし》見宮貞教親王《みのみやさだのりしんのう》は、当社を篤《あつ》く崇敬され、数々の寄付を賜り、伏見御所御祈願所指定の栄を受けて、現在に至ります。

宇津神社

所在地：〒734-0301
呉市豊町大長 4977
電　話：0823-66-2596

神職からのメッセージ　創祀二千百余年という長い歴史を持つ神社です。神社を支えた地元各地区も併せて、歴史を感じていただければ幸いです。

注8　卜定奉祀／祀ることをうらない定めること

桂《かつら》濱《はま》神《じん》社《じゃ》

主祭神

品陀和気命《ほんだわけのみこと》（応神天皇《おうじんてんのう》）
帯中津日子命《たらしなかつひこのみこと》（仲哀天皇《ちゅうあいてんのう》）
息長帯日売命《おきながたらしひめのみこと》（神功皇后《じんぐうこうごう》）

呉市

大正時代〜昭和初期の境内・鳥居。当時は両部鳥居でしたが、老朽化等により取り壊して，平成４年に明神鳥居（石製）を新設し、現在に至ります

現在の境内・鳥居（左）と本殿（右）

天平８（７３６）年に遣新羅使《けんしらぎし》一行が、その道中に倉橋島（長門島）で詠んだ歌「わが命を長門の島の小松原幾代を経てか神さびわたる」（『万葉集』）の「神」とは、当社のことといわれています。

言い伝えによると、御神体が海浜に漂着し、神殿を設けてお祀《まつ》りしたことから「海神」と称しました。また、倉橋島の尾立の者が海浜で網曳きをした際に御神体を引き上げたとも伝えられています。

天喜《てんぎ》年間（１０５３〜１０５８年）に領主、塩竈左衛《しおがまさえ》門佐勝信《もんのすけかつのぶ》が崇敬し、社領を寄進。文《ぶん》明《めい》12（１４８０）年に平朝臣実時《たいらのあそんさねとき》が檀那《だんな》となって社殿を再建し、明応９（１５００）年、永正《えいしょう》11（１５１４）年にも社殿の造営が行われました。

現在の本殿は文明12年のものとされ、国指定の重要文化財です。

桂濱神社

所在地：〒737-1377
呉市倉橋町423
電　話：0823-53-0160

神職からのメッセージ　境内地である桂浜の松林は景勝地として知られていますが，最近は松枯れによりみすぼらしくなっているため，今後、景観を蘇らせるよう、適切な対応を行っていきます。

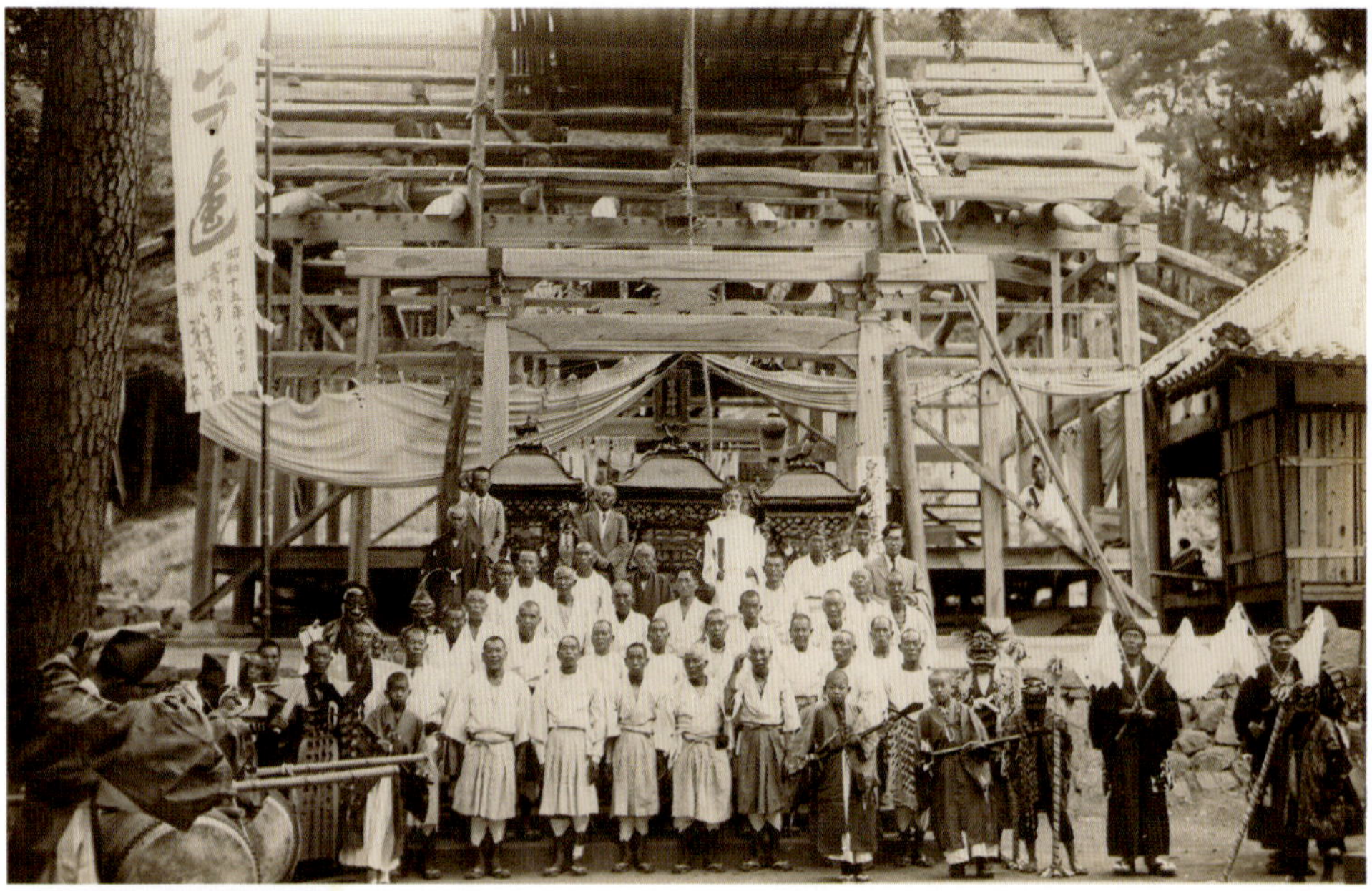

神楽殿新築（昭和 15 年 10 月 13 日の日髙神社例祭にて、写真提供：梶本機械株式会社）

日《ひ》髙《だか》神《じん》社《じゃ》

主祭神

譽田天皇《ほんだのすめらみこと》（応神天皇《おうじんてんのう》）
気長足姫尊《おきながたらしひめのみこと》（神功皇后《じんぐうこうごう》）
宗像三女神《むなかたさんじょしん》

呉市

現在の本殿（左上）、拝殿（右上）、鳥居（下）

元和《げんな》6（1620）年に豊前《ぶぜん》国の宇《う》佐《さ》八幡宮《はちまんぐう》より勧請《かんじょう》したと伝えられています。昔は日髙庄八幡宮と呼ばれていました。

慶安5（1652）年に豊田郡木谷村（現東広島市安芸津町木谷）の重《しげ》松《まつ》八幡宮《はちまんぐう》神主、大成越前守景正《おおなりえちぜんのかみかげまさ》が京都吉田家より神道裁許状を得て、代々奉仕しています。

例祭は、毎年10月第1日曜に斎行《さいこう》。3台の神輿《みこし》が大浦地区を駆け巡り、最後には勇壮な宮入りが行われます。また、御座船《ござぶね》での船渡御《ふなとぎょ》や櫂伝馬《かいでんま》競争が行われることもあります。

日髙神社

所在地：〒737-0402
呉市蒲刈町大浦 133
電　話：0846-45-0833

神職からのメッセージ　大変少ない氏子数で広大な境内・社殿の管理をしているだけでなく、大変賑やかなお祭りも行っています。興味深い由緒をもつ神社ですので、ぜひともホームページをご覧いただき、ご参拝ください。

船《ふな》津《つ》八《はち》幡《まん》神《じん》社《じゃ》

主祭神

品陀和気尊《ほんだわけのみこと》（応神天皇《おうじんてんのう》）
帯中津日子尊《たらしなかつひこのみこと》（仲哀天皇《ちゅうあいてんのう》）
息長帯日売尊《おきながたらしひめのみこと》（神功皇后《じんぐうこうごう》）

呉市

享保の大飢饉のとき、村民が非常に困窮のうえ、悪疫が流行し、享保20（1735）年、船津八幡神社を建立しました。

京の上三坂地門松山《うえみさかいじかどまつやま》の古い祠《ほこら》に祀《まつ》ってあった神をこの地に迎えて併せて祀り、広《ひろ》東部落の守護神となりました。

令和３年12月頃の石階段

明治40年４月頃。石階段建設時の写真、真ん中は当時の宮司、両側は世話人

平成30年７月、西日本豪雨災害により石段が崩れてしまったときの写真

修復工事終了後（令和３年12月頃）

船津八幡神社

所在地：〒737-0123
呉市広両谷3-2-1

電　話：0823-71-2386

神職からのメッセージ 毎月1日と15日に、月次祭を執り行っています。その際、境内マルシェを開催し、好評をいただいています。200段近くある石段を上がるのは大変ですが、お近くにお越しの際は、ぜひお立ち寄りください。

八《はち》幡《まん》神《じん》社《じゃ》

主祭神

品陀和気命《はんだわけのみこと》（応神天皇《おうじんてんのう》）
帯中津彦命《たらしなかつひこのみこと》（仲哀天皇《ちゅうあいてんのう》）
息長帯比売命《おきながたらしひめのみこと》（神功皇后《じんぐうこうごう》）

江田島市

本殿。詳細は不明ですが、おそらく戦前に撮影された写真と思われます

現在の本殿

勧請《かんじょう》年は不詳です。当社氏子《うじこ》、高田村の1人と中村の4人が、ある夜同じ夢を見ました。

「亀山の頂の白幡の立てる所に我を祀《まつ》れよ。我は豊前《ぶぜん》の国の宇佐八幡宮《うさはちまんぐう》なり」

夢から覚めた同夜未明に、5人がその地に来てみると、霊験のごとく、果たして幡が立っていました。

お互いに不思議なことだと思いながら、ついに社《やしろ》を勧請しました。神《じん》亀《き》4（727）年8月と伝えられています。

以来、能美島10か村（鹿川村・中村・高田村・三吉村・高祖村・是長村・畑村・岡村・大王村・津久茂村）の総鎮守となりました。

5人の家は代々「座持ち」と称して、毎年大祭には神事を助け、神輿《みこし》の出入りを掌《つかさど》っています。

八幡神社

所在地：〒737-2301
江田島市能美町中町3338
電　話：0823-45-2342

神職からのメッセージ　氏神様は、住んでいる地域をお守りくださる神様です。氏神様を祀って祭りを行い、みんなで協力し合い、村づくりに励んだ伝統に思いを致して、ぜひお参りください。

長尾神社《ながおじんじゃ》

主祭神

栂節明神《つがぶしみょうじん》
宗像三女神《むなかたさんじょしん》

山県郡
安芸太田町

長尾神社神楽連中、世話人、巫女舞衣装新調記念の写真（大正9年11月23日撮影）。神楽連中は解散しましたが、湯立神楽（ゆたてかぐら）の保存を重視し、加計神楽保存会が伝統を保持しています

現在の社殿

口碑によると、次のように伝わっています。「採薪の村童、笠暮の山に往きて、夜に入るも帰らず。父兄尋ね行けば、焚火のもと白髪の老翁より神遊びを習ひ居たり。奇異の思ひをなして近くを探ねみれば、栂《つが》の大木に節ありて、その相形、翁に彷彿たり。これ正しく神霊のまし座すなりと、小祠《しょうし》を設けて、栂節明神と称へ奉り、不老長寿と村里の守護を祈りて崇敬せり」

建長《けんちょう》7（1255）年、備前児島《こじま》から佐々木盛綱の孫、光綱が来住の折、社殿を修復し、その子泰綱が推されて神主となりました。

明暦元（1655）年、前年の火事からの再興の折、厳《いつく》島神社《しまじんじゃ》から宗像三女神を勧請《かんじょう》し、地名を冠して長尾大明神と号しました。

明治以降、近隣の13社を合祀。相《あい》殿《どの》神として大年神《おおとしのかみ》、水《みず》波《は》能売神《のめのかみ》、大《おお》山祇神《やまづみのかみ》、埴安神《はにやすのかみ》をお祀《まつ》りしています。

長尾神社

所在地：〒731-3501
山県郡安芸太田町大字加計3305
電　話：0826-22-0311

神職からのメッセージ　寛政年代、1798年からの絵馬が多数あります。湯立神楽は、特殊神事として昭和38年に県の無形民俗文化財に指定されました。

有《あり》田《た》八《はち》幡《まん》神《じん》社《じゃ》

主祭神

品陀和気命《ほんだわけのみこと》（応神天皇《おうじんてんのう》）
帯中津日子命《たらしなかつひこのみこと》（仲哀天皇《ちゅうあいてんのう》）
中日売命《なかつひめのみこと》

山県郡
北広島町

当社で奉納される神楽（上:昭和初期、右:昭和 29 年)。右は、「八岐大蛇」が無形民俗文化財に指定された頃の写真です

現在の社殿

古くは岩崎山に鎮座していましたが、有田城茗荷丸《みょうがまる》落城後、現在地に遷座《せんざ》しました。

天文《てんぶん》21（1552）年、吉川元春が現在地に社殿を造営したとされます。

秋祭りで奉納される神楽は、文化年間（1804〜1818年）に壬《み》生《ぶ》の神職、井上氏が石見国から伝えたもの。広島県指定の無形民俗文化財に指定されています。

有田八幡神社

所在地：〒 731-1533
山県郡北広島町有田 1601

神職からのメッセージ　秋季例祭前夜祭では、地元の有田神楽団が神楽を奉納しています。県の無形民俗文化財に指定されている演目もございます。ぜひ、一度お越しください。

亀山八幡神社《かめやまはちまんじんじゃ》

主祭神

品陀和気命《ほんたわけのみこと》（応神天皇《おうじんてんのう》）

山県郡
北広島町

明治 40 年頃の当社遠景

現在の鳥居（左）と当社遠景（右）

当社は天喜《てんぎ》元（1053）年、現在の廿日市市より移り住んだ岡田七郎衛門によって創建。慶長2（1597）年、新庄日野山城主、吉川広家が社殿を再建、寄進して以来、大小鳥居、石《いし》灯籠《どうろう》、注連柱《しめばしら》（標柱）、神橋《しんきょう》などを建立し、現在の姿になりました。

秋季例祭は当初、「乙九日《おとくんち》」と称して9月28日より30日まで3日間あり、29日は御神幸行事として神輿《みこし》を担ぎ、御旅《おたび》所《しょ》で祭事を行い帰還するものでした。現在は9月29日に近い土曜に1日で本祭、御神幸、神楽奉納を行っています。

なお御神幸のあと、「炎の祭典」という行事が行われています。これは室町時代末期にこの地、雄鹿原《おがはら》であった栗福合戦《くりふくがっせん》の「火《か》牛《ぎゅう》の計《けい》」に因みます。

松明を大量に使用して少ない軍勢を大勢の軍勢に見せ、撹乱させる策略で、「炎の祭典」では参拝者に松明を持って歩いてもらい、人気を博しています。

亀山八幡神社

所在地：〒 731-2441
山県郡北広島町宮地 198

神職からのメッセージ　当社の秋季例祭「乙九日」には、毎年県内外から多くのご参拝をいただきます。来て良かったと思ってもらえるお祭りであるよう、日々取り組んでいます。ぜひ、お立ち寄りください。

龍《たつ》山《やま》八《はち》幡《まん》神《じん》社《じゃ》

主祭神

応神天皇《おうじんてんのう》
仲哀天皇《ちゅうあいてんのう》
神功皇后《じんぐうこうごう》

山県郡
北広島町

大正時代～昭和初期の社殿

吉川氏が小倉山城を本拠とした15～16世紀前半頃、城下の主要街道沿いには当社をはじめ、西禅寺などが建ち、新庄市は賑わいをみせていました。

吉川氏の氏神《うじがみ》である当社は、鎌倉時代末（14世紀前半）に吉川氏が大朝本荘に地頭として入ったとき、駿河国吉香《よしかわ》村（静岡市清水区）の八幡宮を勧請《かんじょう》したものと伝えられます。

現在の本殿は永禄元（１５５８）年に吉川元春が再建したものです。蟇股《かえるまた》や肘木《ひじき》には、室町時代の特徴がよく示され、県内で現存する神社建築としては嚴島神社《いつくしまじんじゃ》に次ぐ古さで、国の重要文化財に指定されています。

現在の社殿

龍山八幡神社

所在地：〒 731-2103
山県郡北広島町新庄字供免 1077-1
電　話：0826-82-2105

神職からのメッセージ　当社は氏子の皆さまに支えられて、ここまできました。社殿は老朽化により修復が後を絶たない状況ですが、氏子の皆さまとともに、今後も守り続けていきたいと思います。

壬《み》生《ぶ》神《じん》社《じゃ》

主祭神

品陀和気命《ほんだわけのみこと》（応神天皇《おうじんてんのう》）
帯中津日子命《たらしなかつひこのみこと》（仲哀天皇《ちゅうあいてんのう》）
中日売命《なかつひめのみこと》

山県郡
北広島町

大正時代の鳥居と石段

現在の社殿

現在の鳥居と石段

当社は、壬生城があった山の麓に鎮座しています。壬生高峰城主山県氏や、毛利家の篤《あつ》い信仰を受けていました。天文《てんぶん》20（1551）年に毛利元就が社殿を現在地に移築。江戸時代には郡内御祈祷所と定められていました。

ユネスコの無形文化遺産に登録されている「壬生の花田植え」では、当社の境内で牛の飾りつけをし、社殿で祭典を行います。花田植えの牛の行列も、当社がスタート地点です。

なお、令和3（2021）年8月の豪雨により境内の檜《ひのき》が倒れ、鳥居も損壊を受けましたが、氏子《うじこ》たちの心温まる寄付により、令和5（2023）年、鳥居が再建されました。

壬生神社

所在地：〒731-1515
山県郡北広島町壬生 287
電　話：0826-72-2077

神職からのメッセージ　昨年、14代目・壬生神社宮司として就任いたしました。仕事と神職の二足の草鞋を履いておりますが、神道が心のよりどころとなるよう、微力ではございますが、啓蒙活動に尽力いたします。

宮瀬神社《みやせじんじゃ》

主祭神

応神天皇《おうじんてんのう》
神功皇后《じんぐうこうごう》
倉稲魂命《うかのみたまのみこと》

山県郡
北広島町

口伝によると、当社は南北朝の頃、当所鷹果山《たかはてやま》より大歳神《おおとしのかみ》を奉斎《ほうさい》。神徳顕著で、宮瀬大明神と称しました。

天文《てんぶん》元（1532）年に、石見国今市《いまいち》の福屋氏が、宇佐神宮《うさじんぐう》より応神天皇、神功皇后を勧請《かんじょう》し、奉斎しました。

明治元（1868）年に宮瀬八幡神社となり、昭和3（1928）年に、宮瀬神社と改称しました。

拝殿。写真には、神社鎮座地が山県郡美和村とあります。美和村は、昭和 31 年に周辺の村と合併して芸北町（現山県郡北広島町）に。そのため、昭和初期に撮影された写真と考えられます

現在の拝殿

宮瀬神社

所在地：〒 731-2203
山県郡北広島町小原 812
電　話：0826-38-0114

吉藤八幡神社《よしとうはちまんじんじゃ》

主祭神

足仲津彦命《たらしなかつひこのみこと》（仲哀天皇《ちゅうあいてんのう》）
誉田別尊《ほんだわけのみこと》（応神天皇《おうじんてんのう》）
邇々杵命《ににぎのみこと》

山県郡
北広島町

現在の鳥居、階段と標柱

写真に写る幟と、標柱の裏面には「昭和９年９月」の年月が記されていることから、昭和９年以降の写真です。写真の標柱が後ろの石鳥居と比較して、石の表面が綺麗であることから、標柱建立時の記念写真の可能性もあります

現在の社殿

天正12（１５８４）年に吉川元春・元長父子が勧請《かんじょう》したと伝わります。本殿は三間社流造《さんげんしゃながれづくり》。妻入りの幣拝殿が付属しています。境内社として天神社（御祭神は菅原道真公《すがわらのみちざねこう》）や幸《こう》神社《じんじゃ》（御祭神は少彦名命《すくなひこなのみこと》）が鎮座しています。

また境内には黄幡《おうばん》さん（埴安命《はにやすのみこと》）の御神木があり、１００年ほど昔までは当社で託舞《たくまい》という神楽が舞われ、神職らが託綱《たくつな》（大蛇）を持って舞い、夜明けに至り託綱を御神木に巻き付けていたと言い伝えられています。

吉藤八幡神社

所在地：〒731-1501
山県郡北広島町川戸 3785
電　話：082-874-0824

神職からのメッセージ　現在では、例祭（10月末の土曜）で地元・中川戸神楽団による奉納神楽が執り行われ、その華麗な儀式舞やスーパー神楽を楽しみに、県内外から多くの参拝者が訪れます。

川《かわ》角《すみ》山《やま》神《じん》社《じゃ》

主祭神

品陀別命《ほんだわけのみこと》（応神天皇《おうじんてんのう》）
帯中津日子命《たらしなかつひこのみこと》（仲哀天皇《ちゅうあいてんのう》）
息長帯比売命《おきながたらしひめのみこと》（神功皇后《じんぐうこうごう》）

安芸高田市

拝殿前。唐獅子奉献記念の写真（昭和 11 年4月1日）

延長《えんちょう》年間（９２３～９３１年）に京都・石清水八幡宮《いわしみずはちまんぐう》より勧請《かんじょう》され、元亀《げんき》年間（１５７０～１５７３年）に毛利輝元が社殿を再建したと伝えられています。

例祭で奉納される神楽は、元禄６（１６９３）年に初代神官の三上宮内倶仲が、生家である石見国邑智郡《おおちぐん》羽須美村《はすみむら》上田から伝えたもので、現在では氏子《うじこ》の錦城《きんじょう》神楽団によって継承されています。

鳥居と石段。石段改修記念の写真。写真裏に「8月 16 日」とありますが、撮影年は読み取れず、不詳です

現在の拝殿・唐獅子（左上）と鳥居・石段（左下）

川角山神社

所在地：〒 731-0703
安芸高田市美土里町生田 2759
電　話：0826-55-0021

神職からのメッセージ 「川角山八幡神楽」は、昭和 54 年に広島県無形民俗文化財の指定を受け、毎年 10 月第２土曜に行われる神楽奉納には、県内外より多くの参拝者が訪れます。

鳴《なる》石《いし》山《やま》神《じん》社《じゃ》

主祭神

品陀和気命《ほんだわけのみこと》（応神天皇《おうじんてんのう》）
息長帯日売命《おきながたらしひめのみこと》（神功皇后《じんぐうこうごう》）
武内宿祢命《たけしうちのすくねのみこと》

安芸高田市

創立年代は不詳ですが、本殿内神壇の左右に安置されている随神木像には、大永《だいえい》6丙戌《ひのえいぬ》（1526）年8月寄進とあります。

のちに源粟屋元通《みなもとあわやもとみち》公が願主《がんしゅ》となって、天文《てんぶん》2（西暦1533）年に再造営、その後、修造は数度に及び、享保4（1719）年8月に修復。

明治25（1892）年、大鳥居再建、明治32（1899）年、本殿再建、昭和2（1927）年、拝殿再建、昭和9（1934）年、神楽殿再建、昭和33（1958）年、大鳥居再建。

なお、祭礼時の神輿渡御《みこしとぎょ》は、永禄時代（1558～1570年）に始まると伝えられています。

現在の大鳥居
（平成15年9月15日、秋の例祭）

昭和初期の大鳥居（右）と社殿（下）
写真の神主は、第14代宮司、青山義雄（昭和16年帰幽）。子供は16代宮司、青山義俊（大正9年生まれ）とみられます。現在境内に設置されている皇紀2600年（昭和15年）の狛犬が奉納設置されていないことから、昭和3、4年頃の撮影と考えられます

現在の本殿
（平成15年9月15日、秋の例祭）

鳴石山神社

所在地：〒739-1202
安芸高田市向原町戸島2827

神職からのメッセージ　毛利元就の勧請によって創建された当社を、源粟屋元通が天文2年に再建。その際に寄進したと思われる獅子頭が、安芸高田市吉田町歴史民俗資料館に現存しています。

西《にし》尾《お》山《やま》八《はち》幡《まん》神《じん》社《じゃ》

主祭神

品陀別命《ほんだわけのみこと》（応神天皇《おうじんてんのう》）
帯中津彦命《たらしなかつひこのみこと》（仲哀天皇《ちゅうあいてんのう》）
息長帯日売命《おきながたらしひめのみこと》（神功皇后《じんぐうこうごう》）

安芸高田市

元禄元年建立の本殿。昭和４年 10 月 30 日の例祭当日に撮影されたものと考えられます。現在は、毎年 10 月 30 日の夜に宵祭（よいまつり）が斎行されています

現在の本殿

応徳《おうとく》元（１０８４）年８月に豊前《ぶぜん》国の宇佐神宮《うさじんぐう》より川角山《かわすみやま》に勧請《かんじょう》され、永禄年間（１５５８〜１５７０年）に北村の桜尾城主、北村新左衛門が現在地に遷《うつ》したと伝えられています。

元禄元（１６８８）年に建立された本殿は、三間社入母屋造《さんげんしゃいりもやづくり》で正面には唐破風《からはふ》を備えています。見事な彫刻や組物が施されており、近隣に類を見ない、江戸時代を代表する神社建築です。

また、文政２（１８１９）年には、氏子《うじこ》によって祭礼の前夜に神楽が舞われていました。当時の神官が三上志摩であったことから、この神楽は三上家が指導する阿須那《あすな》系の神楽だったと考えられています。

西尾山八幡神社

所在地：〒 731-0701
安芸高田市美土里町北 1496

神職からのメッセージ「西尾山八幡神楽」は、昭和 54 年に広島県無形民俗文化財の指定を受け、現在では黒滝神楽団、天神神楽団、中北神楽団、日吉神楽団の精鋭が集まり、大祭で神楽を奉納しています。

大宮神社《おおみやじんじゃ》

昭和 30 年代の社殿（『西条町誌』〈西条町発行、昭和 46 年〉より転載）
建築年代は明和元（1764）年で、三間社流造。保存状態も良く、意匠的に優れています

現在の当社

主祭神

品陀和気命《ほんだわけのみこと》（応神天皇《おうじんてんのう》）
帯中津日子命《たらしなかつひこのみこと》（仲哀天皇《ちゅうあいてんのう》）
息気帯比売命《おきながたらしひめのみこと》（神功皇后《じんぐうこうごう》）

東広島市

寛平《かんぴょう》元（889）年、豊前《ぶぜん》国の宇佐《うさ》八幡宮《はちまんぐう》から勧請《かんじょう》。相殿《あいどの》神は大雀命《おおさざきのみこと》。相殿の若宮社は鎌倉右大将、源頼朝の治世（建久《けんきゅう》年間、1190～1199年）に備後国守護、山内三《やまのうちさぶ》郎経俊《ろうつねとし》の次男、正俊が鶴岡若宮八幡《つるがおかわかみやはちまん》宮《ぐう》を領内に勧請したもの。後裔《こうえい》の山内筑後守勝賀が慶長4（1599）年、この地に移り住むようになり、その若宮を当社に移しました。

そのため、当社の秋季例祭には若宮を客神として、その神輿《みこし》を先頭に行幸《ぎょうこう》する古式があったと伝えられています。

大宮神社

所在地：〒 739-0023
東広島市西条町下三永 617
電　話：082-426-0291

神職からのメッセージ　例祭は毎年 10 月第 4 日曜に斎行され、古式にならって、こども神輿の神幸、こども相撲、浦安の舞、神楽の奉納等の祭事を行っています。ご家族おそろいでご参加ください。

筒《つつ》島《じま》神《じん》社《じゃ》

昭和 20 年代の拝殿
昭和 39 年 10 月に茅葺鉄板包屋根修繕葺替え、平成 12 年 10 月に銅板葺屋根修繕葺替えを行っています

撮影年代は不明ですが、上の古写真より時代が下ると思われます

現在の拝殿

名主、住吉伝左衛門が、五穀豊穣を願うために、越前国の氣比神宮《けひじんぐう》より帯中津日子命、豊前《ぶぜん》国の宇佐神宮《うさじんぐう》より品陀和気命、摂津国の住吉大社より息長帯日売命の分霊を奉迎《ほうげい》した、二本松という地に小祠《しょうし》を建立したのが始まりといいます。

寛治《かんじ》6（1092）年2月、現在の地に遷座《せんざ》し、筒島八幡神社と称しました。『芸藩通志』には、「八幡諏訪神社、吉川村にあり、二神同殿」と記されています。本殿の様式は三《さん》間社《げんしゃ》（背面二間）流造《ながれづくり》で、18世紀中期の造営です。

主祭神

品陀和気命《ほんだわけのみこと》（応神天皇《おうじんてんのう》）
帯中津日子命《たらしなかつひこのみこと》（仲哀天皇《ちゅうあいてんのう》）
息長帯日売命《おきながたらしひめのみこと》（神功皇后《じんぐうこうごう》）

東広島市

筒島神社

所在地：〒739-0152
東広島市八本松町吉川 109
電　話：082-429-1592

神職からのメッセージ　毎年、秋の例祭には、俵神輿の神振、地元小学5年生による巫女舞奉納、子供太鼓や子供相撲を賑々しく行っています。

道《どう》免《めん》八《はち》幡《まん》神《じん》社《じゃ》

主祭神

品陀和気命《ほんだわけのみこと》（応神天皇《おうじんてんのう》）
帯中津日子命《たらしなかつひこのみこと》（仲哀天皇《ちゅうあいてんのう》）
息長帯姫命《おきながたらしひめのみこと》（神功皇后《じんぐうこうごう》）

東広島市

詳細は不明ですが、昭和初期頃の写真です

現在の社殿（正面）

御祭神は帯中津日子命、品陀和気命、息長帯姫命。貞和《じょうわ》3（1347）年、石清水八幡宮《いわしみずはちまんぐう》より道免山内に勧《かん》請《じょう》したと伝わります。

拝殿には2枚の大きな絵馬が掲げられています。

拝殿に掲げられている2枚の絵馬

道免八幡神社

所在地：〒739-2501
東広島市黒瀬町小多田363

神職からのメッセージ　秋と正月に主な祭りを行います。少子高齢化が進む地域ですが、地域の氏神として、氏子さまの心の支えとなれるように、神社を護っていければと思っています。

嚴島神社《いつくしまじんじゃ》〈大串《おおくし》〉

主祭神

宗形三女神《むなかたさんじょしん》

豊田郡
大崎上島町

拝殿前にて（戦前）

本殿横（左上：戦前、右上：現在）

拝殿の屋根葺替完成記念（平成16年8月1日）

現在の鳥居と拝殿

元禄10（1697）年6月17日の創祀《そうし》です。市杵島明神《いちきしまみょうじん》が木江浦に着船し、神の峰に鎮座しましたが、厳島《いつくしま》の弥山《みせん》（佐伯郡宮島町）のほうが少し高かったので、そちらへ遷座《せんざ》されました。その時、大串村外浜より出られ、その跡の東西に明神を祀《まつ》ったといいます（現在は廃絶）。

明神が神の峰に登ったときの鳥居という朽木一本が山麓の田の中に残っており、田に鳥居《とりい》ノ元《もと》という名が伝わっています。明神は女神であるため、この田の稲を婦女が刈ることを禁じ、注連縄《しめなわ》を張ったといいます。

また、明神がここに鎮座されたとき雉子《きじ》が糞をかけたため、その穢れによって厳島へ遷座したとも伝えられ、その罰により、今も島の雉子の尻は腐っているとされ、これを大崎島の尻腐《しりぐされ》といいます。

嚴島神社〈大串〉

所在地：〒725-0303
豊田郡大崎上島町大串751-1

神職からのメッセージ　大串地区外浜の海辺に社殿があり、毎年7月に、自治会役員の方々によって夏の祭礼が斎行されています。陽の傾き始める夕刻に粛々と執り行われる祭礼は、とても趣があります。

嚴島神社《いつくしまじんじゃ》〈木江《きのえ》〉

現在の本殿

昭和7年、拝殿および幣殿の改築工事の際、コンクリート基礎工事を行い、その後、本殿を移転させたときの写真

境内に祀られている招魂社の慰霊祭（昭和10年）

現在の鳥居と拝殿

現在の招魂社

主祭神

多岐津毘売命《たぎつひめのみこと》
市岐島毘売命《いちきしまひめのみこと》
多岐理毘売命《たぎりひめのみこと》

豊田郡
大崎上島町

鎮座年月日は不詳ですが、『芸藩通志』によると、文亀《ぶんき》年間（1501～1504年）と天正年間（1573～1592年）に重修《ちょうしゅう》とあります。また、楽音寺蔵『安芸国神名帳』(注9)に沼田郡四位十二前のうち、木ノ上《きのうえ》明《みょう》神《じん》とあるのは当社のこととされます。

特殊神事、櫂伝馬《かいでんま》競争では、旧暦6月17日、御座船《ござぶね》を曳航《えいこう》する各地区の櫂伝馬船が宮入りまでの間に競争を行います。

嚴島神社〈木江〉（通称 明神社《みょうじんしゃ》）

所在地：〒725-0401
豊田郡大崎上島町木江字正畠4966

神職からのメッセージ　昭和2年以前は古社八幡神社の飛び地境内社でしたが、分離し、その翌年には旧社格の村社となりました。呼称や社格は変わっても、今も昔も変わることなく、この木江地区の崇敬神社として、地域の方々より篤い崇敬を集めています。

注9　楽音寺蔵『安芸国神名帳』／安芸国内の神社が記載された神名帳。平安時代に成立したと思われる。

恵《え》美《び》須《す》神《じん》社《じゃ》

主祭神

蛭《ひる》子《こ》神《のかみ》

豊田郡
大崎上島町

大正14年に県道として整備されるまで、神社の前は砂浜に続いており、明治以前はこの砂浜で初祭として、弓祭が盛大に行われていました

平成5年に漁港整備事業の一環で、埋め立て整備されるまでは船だまりで、右端のカッターは中学校海洋部の練習船。強豪校でした

現在の当社

宝永7（1710）年9月の勧《かん》請《じょう》と伝えられ、一説に、元文《げんぶん》年間（1736〜1741年）の創建ともいわれます。

明治44（1911）年、真佐男神社、嚴島神社《いつくしまじんじゃ》（二社）、浜龍神社、松谷荒神社、境内社多奈加神社を合祀しました。

なお、社殿前が砂浜の頃、対岸の小大下島《こおげじま》（愛媛県）より石灰を船で運搬し、一時保管後、焼成場にて、生石灰を精製していたとのことです。

恵美須神社

所在地：〒725-0402
豊田郡大崎上島町沖浦504

神職からのメッセージ　この沖浦地区で、最も古い土地にある神社との言い伝えがあります。4つの氏子地域で当屋を担い、春秋の祭礼、特に秋季大祭では、巫女舞、櫂伝馬、神霊の海上渡御も執り行われます。

古《こ》社《しゃ》八《はち》幡《まん》神《じん》社《じゃ》

主祭神

誉田別尊《ほんだわけのみこと》
帯中津比古尊《たらしなかつひこのみこと》
息長足比女尊《おきながたらしめのみこと》

豊田郡
大崎上島町

神馬も征く（昭和 18 年）。古社八幡神社の境内には、昭和鉱業（契島）の社長が奉納した神馬の銅像（天翔号）がありました。昭和 18（1943）年1月、日本軍の物資不足を補うために、赤い腹巻、白たすき姿で応召されていきました。東野国民学校生徒 991 人による送別式が行われました。２か月後には、学校にあった二宮尊徳の銅像も徴発されています

現在の当社

かつて山城国男山の石清水八幡宮《いわしみずはちまんぐう》を高山の麓、大丸戸に勧請《かんじょう》したといいます。『芸藩通志』には、楽音寺《がくおんじ》蔵『安芸国神名帳』沼田郡四位十二前のうちの大崎東明神《おおさきひがしみょうじん》であると記されており、平安後期に遡る古社です。

享保４（１７１９）年、古麻呂山よりこの越矢山の山頂に遷座《せんざ》し、古社八幡宮と称しました。享保20（１７３５）年、現在の石段が完成。安永５（１７７６）年、現在地に遷座し、社殿を西南向き（石段正面）に再建したといわれます。

古社八幡神社

所在地：〒725-0231
豊田郡大崎上島町東野字板垣内798

神職からのメッセージ　秋季大祭では、渡御行列の先祓い役に厳しい顔の化粧をし、腰に酒の入った瓢箪と数珠繋ぎの赤唐辛子をさげ、手に持つ唐辛子で行列を妨げる者の目や口に擦り込む「奴（やっこ）」が、祭の花形です。

八幡神社《はちまんじんじゃ》

主祭神

息長帯姫命《おきながたらしひめのみこと》
誉陀別命《ほんだわけのみこと》
宗形三女神《むなかたさんじょしん》

豊田郡
大崎上島町

明治 40 年代頃の境内

拝殿（左:明治後期、中央:昭和 38 年、右：現在）

文亀《ぶんき》2（1502）年、大多和《おおたわ》豊前保盛《ぶせんやすもり》が修造し、以来、慶長13（1608）年、寛永14（1637）年、寛文《かんぶん》7（1667）年などの修繕が、多数の棟札《むなふだ》写しにより確認できます。

かつては古御殿《こごてん》と呼ばれる裏山に鎮座していましたが、文化3（1806）年現在地に奉遷《ほうせん》しました。明治42（1909）年、字瀧《あざたき》ノ奥遠玖神社《のおくおくじんじゃ》、字甚平谷嚴島神社《あざじんべいだにいつくしまじんじゃ》、字横浜湊神社《あざよこはまみなとじんじゃ》、字吉枝高平神社《あざよしえだたかひらじんじゃ》を境内社・天神社に合祀しました。

明治に合祀した嚴島神社は『芸藩通志』によると、もとは社《やしろ》の前が入《いり》海《うみ》（入り江）で、海中に鳥居がありました。後に田となりましたが、古い鳥居の柱が田中に残り、鳥居木と称して、稲を植えるのに婦女を禁じた（嚴島神が女神のため）といいます。

社殿の内部（明治 40 年代頃）

八幡神社

所在地：〒 725-0301
豊田郡大崎上島町中野 3351

神職からのメッセージ　秋季大祭では、華やかに衣装を整えた稚児とお供の行列や、神輿をぶつけ合うけんか神輿、獅子舞に奉納太鼓と、大変賑やかです。また、裏山の桜公園は、毎年多くの方がお花見に訪れます。

日《ひ》吉《よし》神《じん》社《じゃ》

明治末～昭和初期頃の社殿

現在の社殿

社伝によると、この地に久瑠間寺《くるまじ》という大寺があり、その鎮守社でしたが、兵乱に遭って寺社ともに廃絶したといいます。

寛文《かんぶん》13（１６７３）年、田坂市郎《たさかいちろう》右衛門《うえもん》が神祠《しんし》を建て、11年後の貞《じょう》享《きょう》元（１６８４）年に拝殿を建立したと伝えられていますが、その後、明治7（１８７４）年に焼失。同年、伊予越智郡より本殿を買い求めて再建しました。

『豊田郡誌』（昭和10年）には、「毘沙門山より寛政12（１８００）年、現在地へ遷す」と記されています。

主祭神

邇々芸命《ににぎのみこと》
大穴牟遅神《おおあなむちのかみ》
猿田毘古神《さるたひこのかみ》

豊田郡
大崎上島町

日吉神社（旧称 山王社《さんのうしゃ》）

所在地：〒725-0302
豊田郡大崎上島町原田 678

神職からのメッセージ 秋季大祭は、氏子区域を4つに分け、順番に当屋を担い、祭礼が行われています。数年前までは、渡御行列や巫女舞、伝統保存会による獅子舞の奉納が、賑々しく執り行われていました。

御串山八幡神社《みくしやまはちまんじんじゃ》

主祭神

宗形三女神《むなかたさんじょしん》
帯中津日子神《たらしなかつひこのかみ》
品陀和気命《ほんだわけのみこと》

豊田郡
大崎上島町

秋季大祭での集合写真。現氏子総代の亡祖父所有で、終戦から2、3年後の昭和 22、23 年頃のもの。鳥居前から拝殿前まで、あふれるほど多くの氏子が集まっています。この集合写真撮影は、現在も引き継がれています

現在の鳥居と社殿

創祀《そうし》年代は不詳ですが、建長《けんちょう》2（1250）年に沖浦村葛《おきうらむらくず》城主、土倉是右衛門平冬平《はぐらぜうえもんたいらふゆひら》が、社殿の再建を行ったことが知られています。

また、元応（1319〜1321年）、応永（1394〜1428年）、慶長（1596〜1615年）に重《ちょう》修《しゅう》しています。

明治42（1909）年、浜厳島神社、御串山峰神社および境内社須佐《すさ》神社《じんじゃ》、柿本神社《かきのもとじんじゃ》を合祀しました。

御串山八幡神社（旧称 八幡宮）

所在地：〒725-0402
豊田郡大崎上島町明石 2549

神職からのメッセージ 遠い昔、神功皇后が朝鮮出兵の折、この地に立ち寄り、丘の上にて御櫛で髪を梳かした故事に因み、御串山八幡と称したという言い伝えもあります。この地より眺める瀬戸内の景色は心安らぐものです。

広島県東部エリア

宮司と巫女
昭和 12（1937）年秋の新嘗祭で撮影された記念写真
（亀山神社、三原市大和町）

福山市
府中市
尾道市
三原市
神石郡神石高原町
世羅郡世羅町
庄原市
三次市

吉《き》備《び》津《つ》神《じん》社《じゃ》

主祭神

大吉備津彦命《おおきびつひこのみこと》

福山市

社伝には平安時代初めの大同《だいどう》元（806）年、備中吉備津神社より勧請《かんじょう》、備後国品治《ほんじ》郡宮内《ぐんみやうち》（現在の福山市新市町宮内）の地に創建され、備後国の一宮《いちのみや》として国中より尊崇を集めたとあります。

『百錬抄《ひゃくれんしょう》』(注10)によると、寛喜《かんぎ》元（1229）年、また『太平記』(注11)では元弘《げんこう》2（1332）年に火災に遭い、本殿が焼失していますが、その後、永和2（1376）年、小野宮左《おののみやさ》近将監《こんしょうかん》が再建しています。

鎌倉時代の『一遍上人年譜略』『一遍聖絵』には、弘安10（1287）年、時宗《じしゅう》の開祖、一遍上人が当社に参詣し、聖人供養のために秦皇破陣楽《じんのうはじんらく》という舞楽を鑑賞している様子が、社殿配置とともに描かれています。

永和の再建時には、三殿を正宮一宇《しょうぐういちう》とし、現在の社殿の元になっていると考えられています。

注10 『**百錬抄**』／鎌倉時代後期に成立した歴史書。
注11 『**太平記**』／南北朝時代の応安年間（1368 ～ 1375 年）に成立したとされる軍記物語。

この1枚!

大正12（1923）年の本殿修理竣工写真。本殿内陣中央には、主祭神の大吉備津彦命、本殿向かって右側には相殿《あいどの》神の大日本根子彦太瓊命《おおやまとねこひこふとにのみこと》（孝霊天皇《こうれいてんのう》）と細比売《くわしひめの》命《みこと》（孝霊天皇の后）、左側には稚武吉備津彦命《わかたけきびつひこのみこと》（大吉備津彦命の弟）をお祀《まつ》りしています。大吉備津彦命は、またの名を五十狭芹彦命《いさせりひこのみこと》といい、第7代孝霊天皇の皇子で、四道将軍の一人。山陽道を平定し、吉備開国の神として崇敬されています。

大正12年の本殿修理後で、昭和3年の国幣小社昇格後の絵葉書であることから、昭和3～8年頃の様子と推測されます（広島県立文書館蔵）

境内の池（昭和3～8年頃、広島県立文書館蔵）

吉備津神社

所在地：〒729-3104
福山市新市町宮内400

電　話：0847-51-3395

神職からのメッセージ　「令和の大遷宮」と位置づけ、本殿の全面改修をはじめ、防災施設工事や参拝者用トイレ改修など、参拝される方がお参りしやすいような境内環境整備に取り組んでいます。

保存修理後（令和4年夏頃）

素盞嗚神社《すさのおじんじゃ》

主祭神

素盞嗚尊《すさのおのみこと》
奇稲田姫命《くしなだひめのみこと》
八王子命《はちおうじのみこと》

福山市

『延喜式神名帳《えんぎしきじんみょうちょう》』（注12）の備後国深津郡《ふかつぐん》「須佐能袁能神社」に比定され、備後国一宮《いちのみや》として永きにわたり人びとの篤《あつ》い信仰を得ている、備後屈指の古社です。

社伝によると、天武天皇の御代（673〜686年）に創祀《そうし》され、醍醐天皇の御代（897〜930年）に再営されたとされます。『備後国風土記』逸文の蘇民将来伝《そみんしょうらい》説（注13）ゆかりの神社としても有名で、境内には蘇民将来を奉斎《ほうさい》する蘇民神社が鎮座しています。

毎年7月に盛大に斎行《さいこう》される祇園祭は、備後に夏の到来を告げるもので、祭りの最終日には3基の神輿《みこし》が集結し、激しくぶつかり合う「けんか神輿」が行われます。また、その晩には吉備津神社《きびつじんじゃ》の神職が当社に参向して祝詞《のりと》を奏上し、その間、当社の神職は終始無言のままという特殊神事「無言の神事」が斎行されます。

注12 『延喜式神名帳』／平安時代中期の法典『延喜式』の巻九・巻十。官社に指定された全国の神社が記載されている。
注13 蘇民将来伝説／疫病除けの茅の輪くぐりの由来となる伝説。

この1枚!

令和2年に、110年ぶりに新調された神輿3基。

当社は「天王さん」の愛称で親しまれています。

老若男女が待ち焦がれる祇園祭は、千数百年以上の歴史を誇る伝統ある夏祭りで、神と人、人と人との絆を一層深める祭りとなっています。

明治 43（1910） 年頃、拝殿前での神輿との集合写真。令和2（2020）年に新調されるまで使われていた神輿が完成した際に撮影されたと考えられます。ちなみに、幟には明治 41 年の年号があります

茅の輪くぐり大祓式の様子（令和6年8月）

素盞嗚神社

所在地：〒 729-3101
福山市新市町戸手 1-1
電　話：0847-51-2958

神職からのメッセージ　日本の神様は「清く、正しく、正直であること」を、私たちに求められています。皆さまも自分の利益だけにとらわれず、周りの人が笑顔になるように、良心を発揮していただきたいと存じます。

現在の本殿と拝殿。本殿は福山藩初代藩主、水野勝成による造営。檜皮葺入母屋造で、正面に千鳥破風が取り付けられています

沼名前神社《ぬなくまじんじゃ》

主祭神

大綿津見命《おおわたつみのみこと》
須佐之男命《すさのおのみこと》

福山市

当社は鞆祇園宮《ともぎおんぐう》とも称され、大綿津見命と須佐之男命をお祀《まつ》りしています。

今から約1830年前、第14代仲哀天皇《ちゅうあいてんのう》2（193）年、后である神功皇后《じんぐうこうごう》が西国へ下向の際に寄泊《きはく》し、この地に社《やしろ》のないことを知って斎場を設け、この浦の海中より涌き出た霊石を神璽《しんじ》として綿津見命を祀り、海路の安全をお祈りになったといわれています。

神功皇后は還幸《かんこう》の折、再びこの浦に寄り、綿津見神に稜威《いづ》の高鞆《たかとも》（弓を射るときに使う武具の一種）を納め、御礼をされたことから、この地は鞆と呼ばれるようになりました。

須佐之男命が御祭神である鞆祇園宮は、元は鞆町内の関町に鎮座していましたが、慶長4（1599）年の火災で焼失し、明治9（1876）年に綿津見神を合祀し、相殿《あいどの》として奉斎《ほうさい》されています。

この1枚!

毎年2月の第2日曜に斎行《さいこう》される、お弓神事の飾弓。高さ約2mの弓2張に神座を設け、松の小枝などで飾り、大弓主のほうには神功皇后が甲冑をつけ弓をもつ神像を、小弓主のほうには武内宿禰《たけのうちのすくね》が幼児姿の応神天皇を抱く神像を安置。神事中は常に弓主と行動をともにします(令和5〈2023〉年)。

昭和7年の飾弓

拝殿
(左上:昭和30年頃、
左下:令和5年)

昭和初期の鳥居と参道

沼名前神社

所在地：〒720-0202
福山市鞆町後地1225

電　話：084-982-2050

神職からのメッセージ　瀬戸内海国立公園のほぼ中央に位置する鞆の浦。ご多聞に漏れず過疎化が進む中、八幡様のお弓神事・祇園様のお手火神事・渡守神社の秋祭り等を後世に残すべく、氏子一丸で頑張っています。

現在の鳥居と参道(令和5年)

備《びん》後《ご》護《ご》國《こく》神《じん》社《じゃ》

主祭神

旧備後国出身の英霊
大彦命《おおひこのみこと》を主神とする
阿部家代々の祖霊

福山市

本殿と拝殿（左：昭和 35 年頃、右：令和６年）

明治元（1868）年、福山藩主阿部正《まさ》桓《たけ》公が防長の役石州益田の戦等で戦死した英霊を祀《まつ》り、招魂社《しょうこんしゃ》を創立したのが始まりで、その後、官祭福山招魂社、福山護國神社と改称しながら、第二次世界大戦まで、国家公共に尽くして殉じられた旧備後国（現在五市二郡）出身の英霊三万一千余柱を奉斎《ほうさい》しています。

昭和20（1945）年8月8日の福山空襲により造営中の社殿が焼失したため、現在地に建てられていた阿部神社と合併し、備後護國神社として整備・設立されました。

なお、阿部神社は文化10（1813）年、八代藩主阿部正精《まさきよ》公が、阿部家遠祖大彦命、武沼河別命《たけぬなかわわけのみこと》、豊韓別命《とよからわけのみこと》と代々の祖霊を奉斎し、勇鷹神社《ゆうおうじんじゃ》として創建したものです。

戦前の阿部神社。本来、福山城を向いていた阿部神社の社殿を西向きにして、備後護國神社の新たな社殿としました。

神門を兼ねた90坪の外拝殿（昭和35年頃）。秋季慰霊大祭は、ここに祭壇を設けて斎行します。写真右手、石段の先に権現造（ごんげんづくり）の社殿があります

境内地の慰霊碑（令和6年）

外拝殿（昭和35年頃）

備後護國神社

所在地：〒720-0061
福山市丸之内1-9-2
電　話：084-922-1180

神職からのメッセージ　護国の英霊と旧藩主の祖霊を合わせ祀る、全国でも特異な護国神社です。慰霊碑を巡り、安産祈願像を撫で、阿部正弘公像を潜って合格祈願。宮本武蔵腰掛石も要チェック。

外拝殿（令和6年）

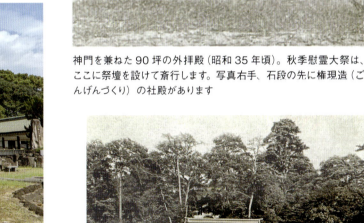

福山八幡宮《ふくやまはちまんぐう》

主祭神

應神天皇《おうじんてんのう》
比賣大神《ひめおおかみ》
神功皇后《じんぐうこうごう》

福山市

古くから現福山城の地に奉祀《ほうし》されていた二つの宮が、福山藩初代藩主水野勝成公によってそれぞれ延広町《のぶひろちょう》、野上町《のがみちょう》に移され、第4代勝種《かつたね》公の天和《てんわ》3（1683）年、城の真北、松廼尾山《まつのおやま》の東西に備後福山総鎮守の社《やしろ》として、福山藩を挙げて造営されました。

当時は両社八幡とも呼ばれ、篤《あつ》い信仰と親しみを込めて、「東の宮」「西の宮」と並び称されました。社殿は同一の様式、まったく同じ規模につくられ、両社の本殿にそれぞれ八幡大神《はちまんおおかみ》をお祀《まつ》りする、全国的にも大変珍しい形式の神社です。

「惣堂八幡神社《そうどうはちまんじんじゃ》」（のち「延広八幡神社《のぶひろはちまんじんじゃ》」）と呼ばれた東御宮は承保《しょうほう》年中（1074〜1077年）に宇佐《うさ》八幡宮《はちまんぐう》からの勧請《かんじょう》、「若宮八幡神社」（のち「野上八幡神社《のがみはちまんじんじゃ》」）と呼ばれた西御宮は、永享《えいきょう》年中（1429〜1441年）に鶴岡八幡宮《つるがおかはちまんぐう》から勧請されました。

西御宮社殿(明治30〈1897〉年4月)。撮影当時は「野上八幡神社」と呼ばれていました。

西御宮参道から見える隋神門と社殿(明治30年4月)。東御宮も同じ様式の参道・鳥居・隋神門・社殿が、それぞれつくられています

現在の西御宮社殿(令和5年)

「延広八幡神社」と呼ばれていた頃の東御宮惣門(大正時代〜昭和初期)

福山八幡宮

所在地:〒720-0073
福山市北吉津町1-2-16
電　話:084-924-0206

神職からのメッセージ 当宮では25年に一度、式年大祭をご奉仕しています。次回のご鎮座350年式年大祭は、令和15年の予定です。

現在の西御宮惣門

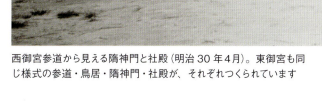

亀山八幡神社《かめやまはちまんじんじゃ》

主祭神

品陀和気命《ほんだわけのみこと》（応神天皇《おうじんてんのう》）
帯長津日子命《たらしなかつひこのみこと》（仲哀天皇《ちゅうあいてんのう》）
息長帯比賣命《おきながたらしひめのみこと》（神功皇后《じんぐうこうごう》）

府中市

祖霊社。その規模・雄大さは県下でもまれなものです

正和《しょうわ》年中（1312〜1317年）に、斎藤美作守《みまさかのかみ》が植木城内に鶴岡八幡宮《つるがおかはちまんぐう》から勧《かん》請《じょう》し、創建した神社です。正中《しょうちゅう》2（1325）年に現在地、亀山に遷座《せんざ》し、同地に往古より鎮座していた高龗神社《たかおがみじんじゃ》を八幡宮に合祀しました。また、同年には本郷大宮八幡宮の分霊も合祀しています。

元禄13（1700）年、当地に天領代官所が置かれると、甲奴《こうぬ》郡、神石《じんせき》郡、安那《やすな》郡の天領諸村の総鎮守として崇敬されました。明治42（1909）年に社殿を再建、昭和3（1928）年には郷社となりました。

当社の境内には数多くの石造物（狛犬や石灯籠《いしどうろう》）が奉納されており、古くから多くの人々の信仰を得ていたことがわかります。

なお、『万葉集』の「つまこもる 矢野のかみ山 露霜に 匂ひそめたり 散らまくをしも」という歌は、柿本人麿が当社の紅葉を称賛して詠んだと伝わります。

この1枚!

上下町の町並み（昭和10〈1935〉年）。当社が鎮座する上下町は江戸時代に石見銀山で採掘された銀を運搬する銀山街道の宿場町として大いに栄え、現在でも美しい白壁の町並みが残り、多くの観光客が訪れます。

本殿・拝殿と祖霊社（戦前）。当時、本殿は「檜皮葺」でしたが、今は銅板葺になっています（昭和49年に葺替）

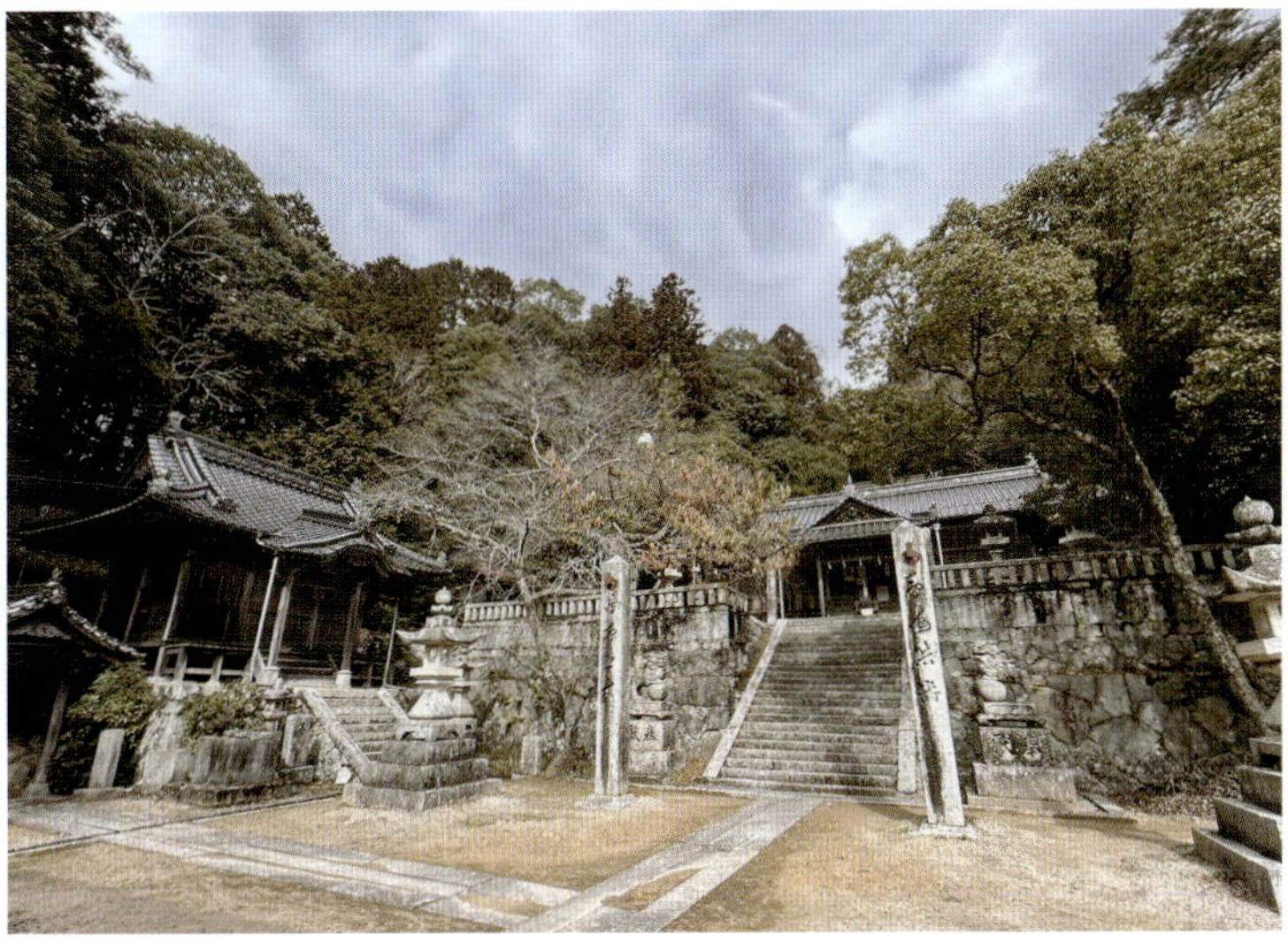

現在の本殿・拝殿と祖霊社

現在の本殿

亀山八幡神社

所在地：〒729-3431
府中市上下町上下309-4
電　話：0847-62-2523

神職からのメッセージ　石段が155段と高い位置にありますが、町並みも綺麗に見え、狛犬、〆柱（標柱）、鳥居等の石造物も多く、心癒される神社です。一見の価値ありです。

亀甲山田熊八幡宮《かめこうやまたくまはちまんぐう》

主祭神

品陀和気命《ほんだわけのみこと》（応神天皇《おうじんてんのう》）
帯中津日子命《たらしなかつひこのみこと》（仲哀天皇《ちゅうあいてんのう》）
息長帯日売命《おきながたらしひめのみこと》（神功皇后《じんぐうこうごう》）

尾道市

神域は町の中央丘陵地にあります（面積８４１４・62坪）。

南北朝時代の暦応《りやくおう》・康永《こうえい》年間（１３３８〜１３４５年）、筑前の筥崎八幡宮《はこざきはちまんぐう》の分神が浜に漂着し、田熊村上氏の祖である村上直吉が、鎌倉時代初期より地神的に鎮座していた大頭明神《おおがしらみょうじん》の前の段に奉還《ほうかん》、亀甲山田熊八幡宮として社殿を築造したのが始まりとされます。

以降、幾度もの神域・社殿の拡張、修復が行われ、文政10（１８２７）年には火災による社殿焼失の悲劇に見舞われましたが、人々の粘り強い意志と努力により再建を果たしました。

明治42（１９０９）年の拝殿建て替え時には、旧拝殿を境内東側に絵馬殿として移築し、現在も運用されています。

昭和15(1940)年の社殿。拝殿の前に立つのは当時の神主、村上芳喜です。

明治 42 年に拝殿が新築された際、旧拝殿は境内東側に移築され、絵馬殿として現在に至ります。写真は昭和 47 年頃の様子で、地元瓦の屋根、江戸設計の船底天井以外は、大幅に改築されています

二の鳥居(昭和 15 年)。随分古く、建立年の定かではない二の鳥居前で、総代らが並んでいます

「田熊八幡宮鳥瞰図」。明治 31 ~ 34 年頃に描かれました

亀甲山田熊八幡宮

所在地:〒 722-2324
尾道市因島田熊町 1023
電　話:0845-23-6000

神職からのメッセージ　平成 14 年、本殿が旧因島市(現尾道市)の重要文化財に指定され、平成 26 ~ 27 年に大規模な修理工事が実施されました。毎年、秋の大祭には総勢 240 人が動員され、だんじり行事が奉納されます。

平成 26 ~ 27 年の本殿大規模改修後の空中写真。広大な神域と長い表参道(146 m)の様子がわかります

糸碕神社《いとさきじんじゃ》

主祭神

品陀和気命《ほんだわけのみこと》（応神天皇《おうじんてんのう》）
帯中津日子命《たらしなかつひこのみこと》（仲哀天皇《ちゅうあいてんのう》）
息長帯日売命《おきながたらしひめのみこと》（神功皇后《じんぐうこうごう》）

三原市

左：埋め立て前（平成元年に釣り船から撮影）
右：埋め立て完了直後（平成 22 年）

伝承によると、神功皇后（息長帯日売命）が西征の際、当地に上陸され、出迎えた里長が井戸から水を汲んで献上したといいます。その井戸が当社境内の「御調《みつぎ》の井戸」で、この御縁に因み、当社は始まったと伝わります。

天平元（729）年、宇佐神宮《うさじんぐう》から分霊をいただき創祀《そうし》。近世には小早川氏が社領三百三十石を寄進したのをはじめ、福島氏、浅野氏にも崇敬されました。江戸時代、火災によって二度、社殿が失われましたが、その都度、広島藩主浅野本家、三原城主三原浅野家によって再建されました。大正13（1924）年、村社から県社に昇格。

なお、現在は埋め立てられていますが、かつて鳥居のすぐ目の前を通る国道の向こうは海で、対岸の島々から小舟で渡ってきた人々が、石段から上陸して参詣できました。

大正13年に、村社から県社に昇格したことを記念して制作された絵はがき。ちなみに貼付されているのは、明治神宮御鎮座記念切手（三銭）です。

昭和 12 年頃の写真。かつて本殿は檜皮葺、拝殿は瓦葺でした

境内の御神木のクスノキ（左：昭和 10 ～ 13 年頃、右：令和２年）左の写真が撮られた昭和初期から 80 年余りが経ち、幹は一層太くなり、幹から伸びる枝も増えています。このクスノキは、昭和 37 年に三原市天然記念物に指定されました。樹齢は約 600 年と推定され、幹の太さは令和５年の時点で 14.5 ｍあり、広島県最大といわれます

御調の井戸（右上：大正年間頃、右下：令和５年）
古写真では、井戸の向かって左脇（北側）に、副島種臣の書で「神功皇后御泊舊御調井」と記された石碑があります。その後、高度成長期に自動車が普及し、境内への自動車の進入路を確保すべく、石碑は井戸の向かって右側（南側）に遷されました

糸碕神社（旧称 糸崎八幡宮《いとさきはちまんぐう》）

所在地：〒 729-0324
三原市糸崎 8-10-1
電　話：0848-68-0102

神職からのメッセージ　かつて例祭で行われていた子供神輿や子供相撲は、少子化で維持できなくなりました。代わりにマルシェや演奏会を開くなど、人々が集う神社、お祭りであり続けるよう努力しています。

令和５年撮影の拝殿。昭和 58 年竣工の工事により、本殿、拝殿ともに銅板葺に改められて、現在に至ります

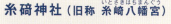

亀《かめ》山《やま》神《じん》社《じゃ》

主祭神

田心姫命《たごりひめのみこと》
湍津姫命《たぎつひめのみこと》
市杵嶋姫命《いちきしまひめのみこと》

三原市

勧請《かんじょう》年は不詳ですが、本殿の御神体は大変古く、背面に「文治《ぶんじ》五年酉三月吉日」との墨書があります（文治5年＝１１８９年）。

推古天皇《すいこてんのう》の御代（５９３～６２８年）に、宗像三女神《むなかたさんじょしん》のうち田心姫神を友兼山《ともかね》（深見地区）、湍津姫神を大平山（当社）、市杵島姫神を八幡山（上徳良《かみとくら》）において、それぞれ三山三社の形態で奉斎《ほうさい》していましたが、明治41（１９０８）年、中津宮《なかつみや》にあたる当社に合祀され、一社となりました。

徳良地域の総氏神《そううじがみ》として、古くは「大宮八幡宮」とも称されていましたが、昭和45（１９７０）年に、八幡神社から旧来の亀山神社に改称しました。

昭和50（１９７５）年には、御鎮座１３５０年祭を斎行《さいこう》しました。

この1枚!

昭和15（1940）年撮影。「浦安の舞」は皇紀2600年の佳節《かせつ》にあたり、昭和天皇の御製《ぎょせい》を多忠朝《おおのただとも》宮内庁学長が作曲作舞し、全国の神社に合わせて当社でも例祭で奉奏されました。写真中央の衣冠《いかん》姿は参向した献幣使《けんぺいし》（村長）と随員（助役）。下段4人の少女は最初の「浦安の舞」奉仕者です。

昭和11年10月14日の例祭にて。昭和8年12月23日、皇太子（現上皇陛下）御降誕により、翌年に奉祝記念事業が企画実施されました。集落内の村社・無格社のすべてが当社に合祀され神座が狭くなったため、拝殿を本殿として移築し、近郷にない拝殿を新築することとなりました。昭和9年着工、同10年落成、翌11年奉祝記念大祭が斎行されました。8人の巫女によって、どのような奉仕や舞が奉奏されたのかはわかっていません

昭和34年11月14日、「浦安の舞」舞姫の記念写真。「浦安の舞」制定後、毎年、例祭で奉納されてきましたが、近年は少子化により該当者がいない年もあります

亀山神社

所在地：〒729-1406
三原市大和町下徳良2363

電　話：0847-33-1572

神職からのメッセージ　神社関係以外の場所でお話しする機会があります。和文化を学んでいくと神道に行き着き、神道を学んでいくと皇室につながり、皇室のことを識ると稲の大切さや中今（なかいま）をいかに生きるかを知ることになるという声をいただきます。SNSなどで情報発信や情報収集が容易となり多様化する昨今、曖昧な表現を避け、言葉遣いや根拠等、正しい情報提供と教化につながるよう努めたいです。

現在の拝殿

御《み》調《つき》八《はち》幡《まん》宮《ぐう》

主祭神

誉田別尊《ほんだわけのみこと》（応神天皇《おうじんてんのう》）
足仲津彦命《たらしなかつひこのみこと》（仲哀天皇《ちゅうあいてんのう》）
息長足姫命《おきながたらしひめのみこと》（神功皇后《じんぐうこうごう》）

三原市

奈良時代、神護景雲《じんごけいうん》（称徳天皇《しょうとくてんのう》）3（769）年、僧侶道鏡《どうきょう》が臣下でありながら皇位を望んだ際、朝廷では道鏡即位について宇佐《うさ》八《はち》幡宮《まんぐう》から神託を得ることとなりました。

勅使に任じられた和気清麻呂《わけのきよまろ》は、道鏡の意に反する神託を得たため、姉の和気広虫《ひろむし》とともに流罪となりました。広虫は備後国に流され、その地で所持していた円鏡に宇佐八幡宮を勧請《かんじょう》し、弟の雪冤《せつえん》のために祈念したのが当宮の起こりです。

宝亀《ほうき》8（777）年、参議藤原百川《ふじわらのももかわ》が広虫の配所に社殿を建立。平安時代には石《いわ》清水八幡宮《しみずはちまんぐう》の別宮となり、室町時代以降、足利氏、毛利氏、そして広島藩主や三原藩主から篤《あつ》く崇敬されました。

毎年4月の第1日曜（旧例祭日4月9日）に斎行《さいこう》される例祭では、壮麗な「花おどり」が不定期に奉納され、広島県無形民俗文化財に指定されています。

この1枚!

花おどり行列（大正後半～昭和初期、広島県立文書館蔵）。三原市八幡町本庄屋中、尾道市御調町津蟹・福井・植野字田上の4地区が交代で奉納し、雨乞いの折にも奉納されたと考えられています。

鳥居から本殿までの遠景（大正後半～昭和初期、広島県立文書館蔵）。豊臣秀吉が三原城に滞在中参拝し、境内に桜を手植えしたと伝えられ、現在も桜の名所として有名です

茅葺屋根の建物は、境内社の和気神社（大正後半～昭和初期、広島県立文書館蔵）

権現造（ごんげんづくり）の本殿（現在）

御調八幡宮

所在地：〒722-1513
三原市八幡町宮内21
電　話：0848-65-8652

神職からのメッセージ コロナ禍、人手不足等で遠のいていた「花おどり」が、保存会と町内会が一丸となり、令和6年春祭で、9年ぶりに奉納されました。今一度、氏神社を核として共同体の再興を図ることが重要です。

現在の拝殿

亀山八幡神社《かめやまはちまんじんじゃ》

主祭神

品陀和氣命《ほんだわけのみこと》（應神天皇《おうじんてんのう》）
比賣大神《ひめおおかみ》（宗像三女神《むなかたさんじょしん》）
息長帯比賣命《おきながたらしひめのみこと》（神功皇后《じんぐうこうごう》）

神石郡
神石高原町

当社は郷社であったため、例祭に、県より供進使が随員を伴って参向し、御神前に幣帛を奉りました。写真は例祭当日、社務所より宮司以下、祭員、供進使、同随員参進の様子。在郷軍人の姿も見えます（昭和6年10月）

当社は、治暦《じりゃく》元（1065）年、京都石清水八幡宮《いわしみずはちまんぐう》より勧請《かんじょう》したと伝えられ、『備後御領分寺社由来記』(注14)には、「亀山八幡宮と号し、備後の国第二の神社、内八郡の祖神なり……」とあります。

境内の常夜灯（宝暦《ほうれき》8〈1758〉年）には、「小畠はじめ十五村（小畠・亀石・常光・上村・光信・光末・井関・坂瀬川・時安・上野・近田・大矢・李・安田・阿下）の本社なり」と刻まれるなど、志満里《しまり》の庄と呼ばれた当地方の総鎮守として、古くより今に至るまで多くの人々より広く崇敬され、篤《あつ》い信仰を集めてきました。

南北朝の戦乱時、桜山一族が当社に火を放ち、社殿、宝物はことごとく灰燼に帰しましたが、その後、九鬼《くき》城主馬屋原《うまやはら》氏により再建、次いで福山城主水野勝種《かつたね》により再建されました。

豊前《ぶぜん》中津藩領時代、領主奥平氏は当社を

注14 『備後御領分寺社由来記』／宝暦8（1758）年8月、備後領内の社寺の由緒等を中津藩へ提出したもの

この1枚!

本殿西側にて（昭和6〈1931〉年頃）。昭和30年代まで、例祭の御神幸に神馬が乗り手、口取、弓持ち等とともに供奉し、祭典後、馬場にて競馬を奉納しました。

祭典終了後、二の鳥居前にて記念撮影。前列中央が供進使

現本殿は、元禄16年、当地が大領のとき、再建されたもの。三間社入母屋造（間口6.8 m、奥行6.5 m）、千鳥破風、唐破風向拝つき。柿葺（こけらぶき）を昭和34年、銅板葺に改めました。神石高原町重要文化財指定

祈願所と定め総産土社《そううぶすなしゃ》として篤く崇敬し、明治10（1877）年、その由緒等に鑑み、神石郡内で唯一の郷社に列格しました。

随神門の大注連縄（令和5年）

亀山八幡神社

所在地：〒720-1522
神石郡神石高原町小畠2251

神職からのメッセージ　当社はこの地にて、950年以上にわたり、恒に郷土の歴史と信仰の中心にあります。戦乱に巻き込まれ火災にみまわれる等、荒廃したときもありましたが、その都度先人が万難を排し、信仰の真心を結集し社頭を護持して、今日を迎えました。過疎化が進む現在、郷土出身者が秋祭りの御神幸の鉦（かね）や太鼓の音を懐かしむ、正にこころのふるさとである神社を次代に継承していかねばと思います。

熊野神社《くまのじんじゃ》

主祭神

伊弉冉尊《いざなみのみこと》
速玉男尊《はやたまのおのみこと》
事解男命《ことさかのおのみこと》

三次市

安康天皇《あんこうてんのう》の御代、紀元420年に、その同母弟の大泊瀬幼武皇子《おおはつせわかたけのみこ》（後の雄略天皇《ゆうりゃくてんのう》）は都を出て、吉備国の幡次郷《はたすきごう》（現在の三次市畠敷町《はたじきまち》一帯）に至り、宮殿を造って仮住《かりず》居《まい》としました。その時に、紀伊国の熊野に坐す大神を祀《まつ》り、「我、天皇の位に即《つ》かむことを望む。神護を得て、天皇即位達成の暁は此の処に社《やしろ》を建立し、以って大神を祀り奉らんとす」と誓いました。

その後、機を得て都に還り目的を成就し、近臣の小原茅麿《かやまろ》をもって熊野大神《くまののおおかみ》を幡次郷に祀りました。

崇敬区域は北備一帯にわたり、三次郡に勢力をもっていた三吉氏が崇敬。寛永以後、氏子《うじこ》は6か村（畠敷村、南畑敷村《みなみはたじき》、四拾貫村《しじっかん》、後山村《うしろやま》、穴笠山《あながさ》、東河内村《ひがしこうち》）となりました。

校倉造《あぜくらづくり》の宝蔵は県重要文化財、また境内には、県天然記念物のシラカシ（樹齢2000年）があります。

この1枚!

昭和7（1932）年、境内の注連柱《しめばしら》（標柱）前で撮影。中央の神官は第55代宮司の小原整三、右は当時の総代長、左の子供は後の第56代、前宮司の小原義雅で左はその母親です。

明治40年、境内に日露戦役記念碑が建立された際に撮影。鳥居下に立つ神官は第54代宮司の小原義嗣、帽子を着用した正装の二人は記念碑建立の関係者です

上の写真と同位置で撮影（令和5年）。右は第57代、現宮司の小原義識、左は禰宜、中の二人は権禰宜

熊野神社

所在地：〒728-0006
三次市畠敷町629
電　話：0824-63-4841

神職からのメッセージ　先人の志、「生きる信仰」と「実践の伝統」を心得として、微力ながら日々の務めに励んでいます。例祭は、10月の第2日曜に斎行しています。

現在の鳥居前にて（令和5年）

艮神社《うしとらじんじゃ》

主祭神

須佐之男命《すさのおのみこと》
伊邪那岐命《いざなぎのみこと》

福山市

正確には不明ですが、おそらく昭和 14 年、社格昇格願を提出したときの写真と思われます

社務所と随神門
（昭和 14 年頃）

現在の社殿

平安時代、須佐之男命を祀《まつ》る「牛《ご》頭《ず》天王社《てんのうしゃ》」として今の木之庄町に建立されており、建武《けんむ》元（1334）年、今の地に伊邪那岐命を併祀《へいし》のうえ遷《せん》座《ざ》し、当時の集落の中心地を含めた一帯の産土神《うぶすながみ》「秋津洲神社《あきつしまじんじゃ》」と改称されました。

元和《げんな》元（1615）年、福山城築城の際、城郭の鬼門（艮）の方位を鎮める守護神として「秋津艮大明神《あきつうしとらだいみょうじん》」と称えられ、明治以降、現在の「艮神社」と呼ばれるようになりました。

艮神社

所在地：〒 720-0073
福山市北吉津町 1-5-24
電　話：084-922-3149

神職からのメッセージ　主な祭事は、節分祭・夏越祭・秋祭り（スポーツの日）。
随神門には四季に応じて、和傘・こいのぼり・風鈴・風車を飾っています。

甘《かん》南《な》備《び》神《じん》社《じゃ》

主祭神

事代主神《ことしろぬしのかみ》
大国主神《おおくにぬしのかみ》
少彦名神《すくなひこなのかみ》

府中市

大正時代～昭和初期の社殿（広島県立文書館蔵）。本殿は宝永3（1706）年に造営、拝殿は大正13（1924）年に新築。昭和3（1928）年に、旧社格制度で県社に位置付けられました

現在の社殿

和銅《わどう》元（708）年、備後国に悪疫が流行し、当時の国司だった佐伯《さえき》宿祢麻呂《すくねまろ》が日頃から信仰していた出雲国美保の大神を三室山に勧請《かんじょう》し、悪疫退散を祈ったのが創祀《そうし》です。

天平宝字《てんぴょうほうじ》4（760）年の悪疫流行の際も、国司甘南備真人伊香《かんなびのまさといかご》が当社に祈願し霊験があったことから、従五位上の神階に叙せられました。

霊験あらたかな当社はその後も神階を進め、元慶《がんぎょう》2（878）年には正五位上に叙せられました。『延喜式神名帳《えんぎしきじんみょうちょう》』に「賀武奈備神社」とあり、備後国式内社《しきないしゃ》(注15)17社のうちの1社です。

永禄元（1558）年の干ばつに霊験を発揮したことから、毛利元就が田一町余を寄進。また寛永3（1626）年の大干ばつの際、水野勝成が当社に祈雨の祈願を行い、霊験が発揮されたため神前で猿楽を興行し、御供料田《ごくうりょうでん》を寄進しました。

甘南備神社

所在地：〒726-0032
府中市出口町745
電　話：0847-41-2111

神職からのメッセージ　神社へ導く約180段の石段は、そのすべてが継ぎ目のない一枚岩を使用という、なんとも贅沢な表参道。延喜式内社・旧県社の古社も、「少子高齢社会」の波には勝てず、苦慮しています。

注15　式内社／『延喜式神名帳』に記載されている神社。

大山神社《おおやまじんじゃ》

大正14年、社殿竣工時の奉祝餅まき。明治・大正時代は近代造船業の反映により、土生町は因島の中心として栄え、神社の社殿等が整備されました。拝殿は欅造（けやきづくり）で、「欅御殿」と呼ばれました

大正時代の例祭宮入。雁木（がんぎ）神事から始まり、境内では勇壮な練り廻しが今も奉納されています

現在の境内

しまなみ海道沿線、因島土生町《いんのしまはぶちょう》の瀬戸内の島々を見渡す小高い丘に鎮座し、宝亀《ほうき》4（773）年、伊予国大山祇神社《おおやまづみじんじゃ》より分霊を勧請《かんじょう》、隠島大《いんのしまおお》神《かみ》と伝わる因島最古の神社。

平安時代の歴史書『日本三大実録』(注16)に「元慶《がんぎょう》二年備後國無位十二月十五日隠島神に従五位下を授ける」とあるのは、当社のことといわれています（元慶2年＝878年）。氏神《うじがみ》であるとともに、崇敬神社として信仰が広がりを見せています。

主祭神

大山積大神《おおやまづみのおおかみ》

尾道市

大山神社

所在地：〒722-2323
尾道市因島土生町1424-2
電　話：0845-23-6000

神職からのメッセージ　当社の神々様は、島という立地から、海を介しお迎えしているのが特徴です。造船から建築、航海から橋、交通から自転車。そして、耳の神様等の多様な信仰により、全国からお参りがあります。

注16『日本三大実録』／『三代実録』ともいう。延喜元（901）年に完成した勅撰国史。
清和・陽成・光孝天皇、３代の時代の歴史が記されている。

亀森《かめもり》八幡《はちまん》神社《じんじゃ》

主祭神

品陀和気尊《ほんだわけのみこと》（応神天皇《おうじんてんのう》）
息長帯姫命《おきながたらしひめのみこと》（神功皇后《じんぐうこうごう》）
宗像三女神《むなかたさんじょしん》

尾道市

昭和13年2月15日、富田広島県知事が参拝した際の写真（広島市立中央図書館所蔵）

大正初期、村役場職員の記念写真。
中央の神官は現宮司の曽祖父

現在の社殿

宝亀《ほうき》元（770）年、山陽道巡察使、藤原百川《ふじわらのももかわ》が宇佐八幡宮《うさはちまんぐう》を勧請《かんじょう》し、和気清麻呂《わけのきよまろ》の雪冤《せつえん》を祈願したのが当社の創祀《そうし》です。

文治《ぶんじ》元（1185）年に歌島地頭、源家清が三貫文を寄進。元暦《げんりゃく》年間（1184〜1185年）に木曽義仲三男、義重が太夫坊覚明《たゆうぼうかくみょう》とともに川尻に落ち延び、文治3（1187）年に社殿を兼吉竜王山より現在地に遷座《せんざ》。永禄元（1558）年、岡島城主、村上又三郎吉満が社殿を修理し、慶長16（1611）年には吉満三代の孫、村上権守源照貞吉原三右衛門が社殿を再建。幕末には七卿が長州下向に際し当社に参詣、維新の鴻業成就を祈願し、三条実美が和歌を奉納しました。

例祭は9月の第4週目で、金曜に特殊神事（オハキ神事）、土曜に例祭、午後に神輿《みこし》神事、日曜に神輿渡御《とぎょ》が行われます。また、神明祭（とんど祭り）※は2月の第2月曜です。

亀森八幡神社

所在地：〒722-0073
尾道市向島町723
電　話：0848-44-0862

神職からのメッセージ　境内には、当地に除虫菊栽培を奨励した大日本除虫菊株式会社の初代社長、上山英一郎が御祭神の除虫菊神社が鎮座しており、毎年5月8日に例祭が斎行されます。

※神明祭（とんど祭り）は当社の行事ではなく、地域行事の一環として境内をお貸ししています。
なお、2月11日の建国記念の日と併せて祈年祭を斎行し、その翌日に神事を執り行っています。

東八幡宮《ひがしはちまんぐう》

主祭神

譽田別命《ほんだわけのみこと》（應神天皇《おうじんてんのう》）
帯仲津彦命《たらしなかつひこのみこと》（仲哀天皇《ちゅうあいてんのう》）
息長足姫命《おきながたらしひめのみこと》（神功皇后《じんぐうこうごう》）

尾道市

昭和 13 年以前。写真にある拝殿は東南方向に移築しており、現在の拝殿とは異なります

左：現在の拝殿・参集殿・旧拝殿
中央：旧拝殿
右：上の古写真と同じ角度から撮影

草創の正確な記録は現存しませんが、『芸藩通志』『芸備国郡誌』(注17)『宮記』などから、和泉式部（976頃～1036頃）が正暦《しょうりゃく》元（990）年頃に宇佐八幡宮《うさはちまんぐう》の分霊を勧請《かんじょう》して宝鏡（江戸期行方不明）を奉納し、文芸の神と崇め、島民の産土神《うぶすながみ》として尊奉《そんぽう》した説が有力とされています。

また、当宮は古くから東八幡宮、向島町の亀森八幡宮は西八幡宮と称し、それぞれ通称、東の宮、西の宮と呼ばれていることなどから、両者の創建は同期頃とも推察されます。

当宮は歴代皇室、公卿たちの崇敬も深く、また、この地に閑居した木曽三郎義重は文治《ぶんじ》元（1185）年に、さらに当時水軍の守護職をもって天下に武威を輝かせた小歌島《こうたじま》（現尾道市向島町）城主村上又三郎吉満、又次郎吉秋が永禄3（1560）年頃に、東西両八幡宮を再建し、水軍の守護神として崇めました。

浅野藩主が参勤交代の際、寄進物、祈祷料などを献じて武運長久、海陸交通安全、産業安全、五穀豊穣、万民の家内安全守護を祈願したことも記録に残されています。

東八幡宮（通称 東《ひがし》の宮《みや》、向東八幡神社《むかいひがしはちまんじんじゃ》）

所在地：〒 722-0062
尾道市向東町宮廻 3933
電　話：0848-44-0305

神職からのメッセージ その昔、歌島とも呼ばれた向島の小高い丘の中程に鎮座する神社です。周囲は住宅地ですが、約 3000 坪の境内は三方を樫や榊、檜などの木々が取り囲み、静かで穏やかな空間です。

注17『芸備国郡誌』／寛文３（1663）年に成立した、広島藩の地誌。

御《み》袖《そで》天《てん》満《まん》宮《ぐう》

主祭神

菅原道真公《すがわらのみちざねこう》

尾道市

大正後半～昭和初期頃の写真（広島県立文書館蔵）。拝殿前に今はない大きな黒松が見えます。かつてはこの大木に縄をくくりつけて、神輿を上げ下ろししていたと伝わっています

現在の社殿と境内

菅原道真公の片袖をお祀《まつ》りする天満宮です。

学業成就・合格祈願・就職祈願はもちろんのこと、「袖ふりあふも他生（多生）の縁」という言葉もあるように、最近では「あらゆるものや人との縁結び」の御利益を求めて参拝される方が増えています。

40年ほど前に撮影された映画『転校生』の、男女の心と体が入れ替わる印象的な階段落ちのシーンで、当宮の石段が使われました。

その55段の石段が、実は由緒や御神徳よりも広く知られていることに危機感をもち、由緒や起源の周知を図るべく、「袖」や「着物」からイメージしたオリジナル授与品や、行事の企画に注力しています。

御袖天満宮

所在地：〒722-0046
尾道市長江1-11-16
電　話：0848-37-1889

神職からのメッセージ　次の世代・時代へと継承するべく、温故知新、宮に残る古資料の探求に注力しています。御神体である御祭神の片袖から御神徳とご縁をいただける神社を体現してまいります。

艮神社《うしとらじんじゃ》

主祭神

伊邪那岐命《いざなぎのみこと》
伊邪那美命《いざなみのみこと》

世羅郡
世羅町

社伝によると、創祀《そうし》は宝亀《ほうき》8（777）年9月の勧請《かんじょう》とされる古社。一説には、養老元（717）年の晩春に、和気光近大夫清隆が勧請したとも伝わります。

『芸藩通志』には「中原村にあり、当村及び重永、青山、三郎丸、田打《とうち》、五村の民同くこれを祭る」とあります。

明治41（1908）年に、大字重永字伊成鎮座の稲生神社《いなりじんじゃ》、大正10（1921）年には摂社・愛宕神社《あたごじんじゃ》を御本殿に合祀しました。コロナ禍までは毎年、世羅神楽を例祭日（11月の第1日曜）に行っていました。

西大田尋常高等小学校第一団託児所（東部）集合写真（境内にて、昭和 11 年6月 11 ～ 17 日）

拝殿前での集合写真（昭和 13 年9月2日）

現在の拝殿

艮神社

所在地：〒 722-1623
世羅郡世羅町大字中原 314

神職からのメッセージ　祭りでは、この地方特有の採物（とりもの）を榊と鈴の太鼓で舞う巫女舞や、子供神輿行列が行われましたが、少子化のため数年前にすべて途絶え、このままでは舞や行事の伝承ができないのが残念です。

田《と》打《うち》八幡《はちまん》神社《じんじゃ》

主祭神

品陀和気命《ほんだわけのみこと》（応神天皇《おうじんてんのう》）
吉備津日子命《きびつひこのみこと》

世羅郡
世羅町

宇佐八幡宮《うさはちまんぐう》から勧請《かんじょう》し、祭日を9月12日と定めたと伝わる古社。重永地区の日の原に馬場といわれる土地があり、そこは当社の御神幸祭《みゆきまつり》の御《お》旅所《たびしょ》でした。また、敷名《しきな》城主・敷名兵部丞藤原朝臣元綱《ひょうぶのじょうふじわらのあそんもとつな》公寄進と伝わる神田がありました。

現在の例祭は11月の第1日曜です。

本殿前での集合写真。戦中と思われます

現在の本殿

田打八幡神社

所在地：〒722-1624
世羅郡世羅町大字田打323

神職からのメッセージ 県道408号中安田田打線沿いの「さわやか田打加工所」横の鳥居をくぐり、石段を上がると、一面に立派な石垣が広がります。その上の新たな拝殿と忠魂碑では、厳粛な祭祀が行われています。

野《の》原《ばら》八幡《はちまん》神社《じんじゃ》

主祭神

品陀和気命《ほんだわけのみこと》（応神天皇《おうじんてんのう》）
帯中津日子命《たらしなかつひこのみこと》（仲哀天皇《ちゅうあいてんのう》）
息長帯日売命《おきながたらしひめのみこと》（神功皇后《じんぐうこうごう》）

世羅郡
世羅町

宝亀《ほうき》2（771）年に、筑紫《ちくし》・豊《ぶ》前《ぜん》の宇佐八幡宮《うさはちまんぐう》から藤原百川《ふじわらのももかわ》が勧《かん》請《じょう》したと伝わります。その際、当地をツクシノハラと称えたことから、後に津口野原《つくちのばら》と呼ぶようになりました。

　また、豊前忍部桜田臣二男紀利別が宇佐八幡宮の御分霊を奉送して、世良健ノ郷に鎮座し、代々奉仕するとの伝承もあります。

　古くは禄郷庄（六郷、筑紫庄）11か村の総産土神《そううぶすながみ》で、天明元（1781）年に斎行《さいこう》された御鎮座一千年大祭の置札には、津口村、萩原村、蔵宗村、篠村、福田村、上徳良村、下徳良村、賀茂村、青水村、小国村、黒川村の11か村の庄屋が署名しています。千二百年祭は郡内神職により盛大に行われました。

　11月2日に行われる例祭の宵宮では、津口神楽会が、枯木八幡神社《かれきはちまんじんじゃ》と交互に世羅神楽を奉納しています。翌11月3日は神輿《みこし》行列があり、観音寺広場で枯木八幡神社と合流し、合同の御旅所祭《おたびしょさい》を行っています。

境内社前での記念写真
（昭和 16 年）

津口八社巡拝記念写真。「吾が同胞の無事帰還を祈るため、神社巡拝をする津久志の真剣な人達」
（昭和 15 年9月 15 日）

現在の当社

野原八幡神社

所在地：〒 722-1731
世羅郡世羅町津口大字津口 2345

神職からのメッセージ　石崖の上には神楽殿、一段上がり拝殿、幣殿、さらに上がり本殿と、連なった赤瓦が特徴的です。8年に一度の津口荒神祭りでは、神楽「五行祭」「布舞」など、地元住民も交えて伝承しています。

和《わ》理《り》比《ひ》売《め》神《じん》社《じゃ》

主祭神

櫛名毘売神《くしなだひめのかみ》

世羅郡
世羅町

延長《えんちょう》5（927）年に完成した『延《えん》喜式神名帳《ぎしきじんみょうちょう》』に、備後国世羅郡一座として「和理比売神社」とある式内《しきない》社《しゃ》です。御祭神の櫛名毘売神は女神で、伊邪那美命《いざなみのみこと》もしくは奇稲田姫命《くしなだひめのみこと》と同神といわれています。

寛保年間（1741〜1744年）には、第5代藩主、浅野吉長公が神田一か所を寄進し、第9代藩主、浅野斉粛《なりたか》公が「武運長久」、「郡中安全」の祈願のため参拝しました。

古くは郡内の総産土神《そううぶすながみ》で、社費等は50か村から納められていたと伝えられ、明治5（1872）年に旧社格制度で「郷社《ごうしゃ》」に列せられました。

現在の本殿

大正時代〜昭和初期の本殿

現在の拝殿と鳥居

和理比売神社

所在地：〒722-1112
世羅郡世羅町大字本郷292

神職からのメッセージ お盆の提灯行列が、令和5年に十数年ぶりに復活しました。過疎化が進む地域ですが、子ども会から声が上がり、約80人が参加する幻想的なお祭りとなりました。未来を託す子供たちの姿に希望を覚えました。

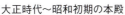

意《お》加《が》美《み》神《じん》社《じゃ》

主祭神

高龗神《たかおかみのかみ》

庄原市

大正時代～昭和初期の社殿

現在の社殿

『延喜式神名帳《えんぎしきじんみょうちょう》』に、甲奴郡《こうぬぐん》一座「意加美神社」とある古社です。御祭神の高龗神は古来、祈雨止雨に霊験あらたかで五穀豊穣の守護神、また相殿《あいどの》神の吉備津彦命は田総庄《たぶさのしょう》12か村の総氏神《そううじがみ》として崇敬されてきました。

創祀《そうし》年代は不詳ですが、旧社司である秋山氏の祖、福礼木大夫が天安2（858）年に勤仕したと伝えられています。

また、棟札《むなふだ》によると、長久3（1042）年（承久4〈1222〉年の誤記とする説もあり）に宮守、福礼木五郎左衛門が重修《ちょうしゅう》、弘安3（1280）年に地頭、長井田総照重が社殿を再建。さらに、大永4（1524）年、延宝5（1677）年にも社殿を再建しています。

なお、平成11（1999）年に灰塚ダム建設に伴い、現在地に新社殿を造営し、水没地域の各鎮守神社を合祀しました。

意加美神社

所在地：〒729-3721
庄原市総領町稲草1249

神職からのメッセージ　ダム建設により、この地に遷座しました。旧社殿をそのまま移転し、氏子一同の心のよりどころとして、後世に歴史を伝えていきます。

蘇《そ》羅《ら》比《ひ》古《こ》神《じん》社《じゃ》

主祭神

天津日高日子穂穂出見尊《あまつひたかひこほほでみのみこと》
神倭伊波礼毘古尊《かむやまといわれびこのみこと》

庄原市

大正時代〜昭和初期の社殿

現在の社殿（左上：上の古写真と同じ角度、右上：正面）

『延喜式神名帳《えんぎしきじんみょうちょう》』に三上郡一座「蘇羅比古神社」とある式内社《しきないしゃ》。創祀《そうし》は、継体天皇《けいたいてんのう》即位元（507）年で、神体山《しんたいさん》である大黒目山《おおくろめやま》、連山麓、鍬寄《くわよせ》山（権現山）の磐境《いわさか》（神聖な場所）で祀《まつ》られていたと伝えられています。

当社は三上郡の総産土神《そううぶすながみ》として古くより信仰を集め、江戸時代には祭礼のときに郡内各村から灯が献じられていました。

特殊神事として、旧暦4月卯日に斎《さい》行《こう》する御田植祭、干ばつの際に斎行される祈雨祭《きうさい》（古《こ》切講踊《きりこうおど》りともいい、明治9、16〈1876、1883〉年、大正2、12〈1913、1923〉年に斎行）、旧暦9月15日の穂掛祭《ほかけまつり》、11月9日の前夜神楽祭があります。前夜神楽祭では県指定無形文化財の三上神楽が奉納されます。

また、境内の大杉は広島県指定の天然記念物に指定されています。

蘇羅比古神社

所在地：〒727-0622
庄原市本村町1296

神職からのメッセージ　古よりこの地域の総氏神として、信仰されてきました。過疎化により氏子も激減していますが、春には桜・梅の社叢を楽しみに、遠方より参拝される崇敬者の皆さまをお迎えします。

八幡神社《はちまんじんじゃ》

主祭神

誉田別命《ほんだわけのみこと》（応神天皇《おうじんてんのう》）
足仲彦命《たらしなかつひこのみこと》（仲哀天皇《ちゅうあいてんのう》）
息長足姫命《おきながたらしひめのみこと》（神功皇后《じんぐうこうごう》）

庄原市

明治～大正頃の拝殿

社頭
（左：明治～大正頃、右：現在）

現在の拝殿

創祀《そうし》年月は不詳です。往古、上湯《かみゆ》川俵原《かわたわらばら》に鎮座されていたのを郷原《ごうばら》領に遷座《せんざ》。当時は、社殿華麗を尽くし、祭典には出雲地方より騎馬行列で参拝するのを恒例とし、地方ではまれにみる賑わいであったといいます。

天正年間（１５７３～１５９２年）、湯川城主、湯川兵部丞道長が今の社地に社殿を遷《うつ》し、社領を寄進したと伝えられます。

八幡神社（通称 龍山八幡神社）

所在地：〒727-0411
庄原市高野町上湯川 39

電　話：0824-86-2628

神職からのメッセージ　斎庭（さにわ）神楽の七座（しちざ）神楽が奉納される社の一つであり、毎年例祭日には祭典後に神楽が奉納されます。また、社叢はスギを主とし、モミ、カヤなどの針葉樹からなり、よく自然景観を保っているとして、広島県天然記念物に指定されています。

嚴島神社《いつくしまじんじゃ》

主祭神

市杵島比売命《いちきしまひめのみこと》

三次市

昭和初期頃の写真（広島県立文書館蔵）。馬洗川に架かる巴橋から写したものです。当時は巴橋上流の十日市側川岸の岩の上に鎮座し、境内地は弁天公園として使用されていました

現在の鳥居（左）と本殿（右）

古くは「弁天さん」と呼ばれ、馬《ば》洗川《せんがわ》左岸に突出する岩盤の上に鎮座する弁財天社でした。

創建年代は不詳ですが、寛永年間（1624～1644年）には、備後国羽出庭《はでにわ》村《むら》の万福寺が弁財天供僧寺として当地に移転しており、江戸時代に遡ることは間違いないでしょう。

福の神として信仰を集め、安芸・石見・出雲の商人が社殿を造営、三次浅野藩初代藩主の浅野長治公がその拡張を行ったと伝わります。十日に一度開催される福神祭《ふくじんさい》（市入祭《いちいりさい》）が盛大となり、地名が十日市となりました。

昭和47（1972）年に洪水があり、昭和51（1976）年に馬洗川護岸工事が行われ、旧社地より現在地に遷座《せんざ》しました。

嚴島神社

所在地：〒728-0012
三次市十日市中 4-7-11

神職からのメッセージ　本殿は文化8（1811）年再建で、当時は岩神弁財天社と呼ばれ、5月の市入祭、7月の水運祭がありました。現在は6月30日に、無病息災を祈る夏の伝統神事、茅の輪くぐり祭を行っています。

須佐神社《すさじんじゃ》

主祭神

素戔嗚尊《すさのおのみこと》

三次市

大正時代～昭和初期の社殿

現在の社殿

創祀《そうし》については不詳ですが、平安時代の歴史書『日本三大実録』の貞観《じょうがん》3（861）年10月20日条に「備後国正六位上大神々、天照真良建雄神並授従五位下」とある天照真良建神社《あまてらすますらたけおじんじゃ》が当社ではないかともいわれています。

当社は「小童《ひち》の祇園さん」として親しまれ、御祭神は素戔嗚尊。祇園さんと呼ばれているように、旧称を牛頭天《ごずてん》王社《のうしゃ》、あるいは祇園社ともいい、鎮座地に設置されていた小童《ひち》保《ほ》は、平安時代末期に京都の八坂神社（祇園社）の社領として成立した荘園の鎮守社でした。備後三大祇園の一つとして、備後北部で広く信仰を集めています。

特殊神事の的弓祭《まとうさい》は毎年1月7日に斎行《さいこう》され、神社伝来の天之鹿古弓《あめのかごゆみ》と天之羽羽矢《あめのははや》を用いて的を射り、災厄を祓《はら》います。的を射ると参拝者が競って斎場の若松の枝を奪い合い、一年中の災厄を祓う縁起物として持ち帰ります。

須佐神社

所在地：〒729-4103
三次市甲奴町小童1072

電　話：0847-67-3341

神職からのメッセージ　古くより信仰されている当社への地域の特別な思いや、神社を盛り上げることが地域の盛り上がりにつながるという思いがあります。祭りなど、神社護持のため氏子をはじめ、近隣地域の方々に積極的にご協力いただき、感謝しています。

知《ち》波《は》夜《や》比《ひ》古《こ》神《じん》社《じゃ》

主祭神

乳速日命《ちはやひのみこと》

三次市

大正時代〜昭和初期の社殿。拝殿は昭和５年、郷社昇格を期に一度建て替えを行っています。平成５年まで拝殿と本殿を結ぶ階の下に池があり、戦後まで小舟を浮かべ管弦祭を催していましたが、湿気のため拝殿の傷みが早く、平成５年、現在のように埋め立てて拝殿を建て替えています

現在の社殿

『延喜式神名帳《えんぎしきじんみょうちょう》』に三谿郡《みたにぐん》一座「知波夜比古神社」とある式内社《しきないしゃ》です。鎮座地の御箱《みはこ》山は、御祭神である乳速日命（知波夜比古之命《ちはやひこのみこと》）が天孫降臨の際、三種の神器を奉持《ほうじ》し、その後、神器を納めた「箱」を賜って当地に下向したことに因みます。

万治《まんじ》2（1659）年、火災により本殿・宝物殿等すべて焼失し、その後、小祠《しょうし》で祀《まつ》られていましたが、元禄3（1690）年、庄屋伊藤左馬之助により社殿が再建されたことが、棟札《むなふだ》で確認できます。

天明6（1786）年、宣旨《せんじ》を賜り、三谿郡38か村の惣社となりました。

大正11（1922）年、御箱山の嚴島神社など数社を合祀し、その際に嚴島神社の社地を新たな境内地と定め、遷座《せんざ》しました。

例祭では、神輿渡御《みこしとぎょ》の神祇を祭保存会により、太鼓演奏を10人前後の小学5、6年生の男子児童により奉納。また巫女の舞は、同じく5、6年生の女子児童により奉納します。

知波夜比古神社

所在地：〒729-4302
三次市三良坂町三良坂 1077-1

電　話：0824-44-3539

神職からのメッセージ　当社も中山間地のため、高齢化・人口減少の例にもれず、祭り保存の継承が困難になりつつありますが、神社らしい祭り以外の催しを増やしながら、氏子の憩える場としての杜をつくっていければと思います。

松原八幡神社《まつばらはちまんじんじゃ》

主祭神

応神天皇《おうじんてんのう》
神功皇后《じんぐうこうごう》
仲哀天皇《ちゅうあいてんのう》

三次市

天文《てんぶん》年間（1532〜1555年）に、江田尾張守隆貫《えだおわりのかみたかつら》公が石清水八幡《いわしみずはちまん》宮《ぐう》より松原《まつばら》に勧請《かんじょう》し、有原《ありはら》、三若《みわか》、石原《いしはら》、上田《うえだ》、海渡《うと》の旧5か村の総氏《そううじ》神《がみ》として厚く信仰されています。『芸藩通志』には、旗返山《はたがえしやま》城主江田氏奉《ほう》斎《さい》の社であり、江田隆貫を祀る小祠《しょうし》があって、村内の極楽寺廃寺は当社の別当であったと記されています。

現在も境内には江田隆貫を御祭神とする隆貫神社が鎮座しており、創建当時の歴史に思いを馳せることができます。また、境内のケヤキは樹齢400年を超える大木で、三次市の天然記念物に指定されています。

松原八幡神社三十三年祭での海渡演芸部記念写真（昭和3年4月15日）

現在の社殿

境内に鎮座している
隆貫神社

松原八幡神社

所在地：〒728-0622
三次市海渡町22

神職からのメッセージ 毎年10月の第3日曜が例祭。前日の宵宮では、地元若連中の屋台や神楽・演芸が行われ、大変な盛り上がりです。例祭では、神輿行列、子供神祇太鼓、巫女舞が行われます。

若宮八幡神社《わかみやはちまんじんじゃ》

主祭神

応神天皇《おうじんてんのう》（誉田別命《ほんだわけのみこと》）

三次市

鳥居と拝殿（広島県立文書館蔵）。大正５年10月に、三次町願万地より現在地に遷座。鳥居は大正12年の設置です。浅野瑶泉院阿久利姫の心願で創建された小社で、病気平癒の淡島神社があります。

通称「若宮さん」と呼ばれ、保元年間（１１５６〜１１５９年）に、畠敷村《はたじきむら》比叡尾《ひえび》城主、三吉兼範《みよしかねのり》（兼《かね》連《つら》）が石清水八幡宮《いわしみずはちまんぐう》より救《すく》い山《やま》（十日市南）に勧《かん》請《じょう》したのが創祀《そうし》です。

その後、天文《てんぶん》４（１５３５）年に13代城主、致高《むねだか》が社殿を造営し、弘治《こうじ》３（１５５７）年に14代隆亮《たかすけ》が上里村《あがりむら》（三次市三次町）に遷《せん》座《ざ》しました。享保２（１７１７）年には、三次浅野藩３代目藩主の浅野長澄《ながずみ》が社殿を修復。大正５（１９１６）年に現在地に遷座しました。

当社に隣接した若宮公園は、桜の名所として有名です。

現在の鳥居

現在の拝殿

若宮八幡神社（通称 若宮さん）

所在地：〒728-0014
　　　　三次市十日市南 4-7-55
電　話：0824-62-3318

神職からのメッセージ　八幡様は勝利の神様、神功皇后は安産の神様。三次浅野藩の時代に奉納された白い木馬（現在は２代目）があり、受験生は合格、病気の人は治療が、うまくいくよう参拝されます。

解説

神社にお祀りされている神様

本書で紹介した神社は103社ですが、広島県神社庁には、約2300社もの神社が登録されています。

県内各地の神社は、創建されてから何十年、何百年、はたまた千数百年もの間、その地域に暮らす人々の生活を見守りくださっています。そのような神社を「氏神《うじがみ》」といい、守っていただいている私たちを「氏子《うじこ》」と呼びます。

そもそも、それぞれの神社で創建された経緯も違えば、御祭神《ごさいじん》も異なります。例えば、厳島神社《いつくしまじんじゃ》であれば宗像三《むなかたさん》女神《じょしん》、八幡神社《はちまんじんじゃ》であれば応神天皇《おうじんてんのう》や神《じん》功皇后《ぐうこうごう》がお祀《まつ》りされています。

それぞれの神様によって、御神徳《ごしんとく》は異なります。また、同じ八幡神社であっても、その神社の歴史によって、異なる霊験が知られる場合もあります。

例えば、はるか昔に有名な武将が参拝し、合戦に勝利した故事があることから、「この神社は勝負事にご利益がある」とか、また、病気に悩んでいた人が神様に祈願したところ、たちまちに病が癒えたので、「ここは病気平癒のご利益がある神社だ」など、各神社に伝わる霊験譚によって、それぞれの神社は多種多様な「祈りの場」となっています。

このように、個人が「特別なご縁のある神社だ」と慕い、祈りを捧げる神社を、「崇敬神社《すうけいじんじゃ》」といいます。

ちなみに、一つの神社に御祭神が一《ひと》柱《はしら》（注1）とも限りません。複数の神様を、一つの御本殿でお祀りしている場合も多く見られます。例えば、主な御祭神が商売繁盛で有名な「お稲荷さん」であり、なおかつ同じ御本殿の中に縁結びで有名な「大国主《おおくにぬし》の神様」がお祀りされている場合もあります。

本書をご覧いただくとおわかりになると思いますが、各神社には唯一無二の御由緒があり、そしてさまざまな神様がお祀りされています。

これから実際に、本書に掲載されている神社に「参拝してみよう！」という方は、神社の景観の「今昔」を味わっていただくとともに、神社紹介文を一読し、「御祭神はどなたなのか？」と興味を持ったうえで、神前で手を合わせてください。きっと幽遠な神様の世界が眼前に広がり、その参拝は、さらに有意義なものになると思います。

さて、『古事記』や『日本書紀』などの日本神話を紐解いていくと、多種多様な神様の活躍が明らかとなり、それぞれの神様の御神徳が鮮明に浮かび上がってきます。

ただ、本書では紙面の都合もあり、御祭神の個別の解説は難しいため、広島県内に広がっている主な神社信仰をご紹介します。「もっと詳しく神様のことを知りたい」という方は、末尾に掲載した参考文献をお読みいただけると幸いです。

八幡《はちまん》信仰

大分県の宇佐神宮《うさじんぐう》が総本社で、応神天皇を御祭神とします。そこから勧請《かんじょう》された京都の石清水八幡宮《いわしみずはちまんぐう》は「国家第二の宗廟《そうびょう》（注2）」と呼ばれ、伊勢神宮に次ぐ皇室の守護神とされました。

また、石清水八幡宮より鎌倉に勧請された鶴岡八幡宮《つるがおかはちまんぐう》は、源氏の氏神に位置づけられ、「弓矢の神」として、多くの武士の信仰を集めていきました。八幡神社は、広島県内で最も多い神社です。

【主な御祭神】

応神天皇（品陀和気命《ほんだわけのみこと》）、神功皇后（息長帯比売命《おきながたらしひめのみこと》）、仲哀天皇《ちゅうあいてんのう》（帯中《たらしなか》津日子命《つひこのみこと》）、比売大神《ひめおおかみ》、宗像三女神、玉依毘売命《たまよりひめのみこと》

賀茂《かも》信仰

賀茂別雷神社《かもわけいかづちじんじゃ》（上賀茂神社《かみがもじんじゃ》）、賀茂《かも》御祖神社《みおやじんじゃ》（下鴨神社《しもがもじんじゃ》）が総本社。

神武東征《じんむとうせい》（注3）の際に、熊野から大《やま》和《と》へ先導を務めた八咫烏《やたがらす》が賀茂建角身《かもたけつぬみの》命《みこと》であり、その娘が玉依媛命《たまよりひめのみこと》で、下鴨神社にお祀りされています。そして、玉依媛と丹塗矢《にぬりのや》との神婚（注4）によって生まれたのが賀茂別雷命で、上賀茂神社の御祭神です。

上賀茂神社と下鴨神社の両社は、京都盆地北部を本拠地とした賀茂氏の氏神で、後に盆地西部の秦《はた》氏からも信仰を受け、平安遷都後は、平安京鎮護の神として崇敬されました。

【主な御祭神】

賀茂別雷命、賀茂建角身命、玉依媛命

厳島《いつくしま》信仰

安芸の宮島、嚴島神社《いつくしまじんじゃ》が総本社です。イツクシマは「斎く島」、神を祀る島という意味で、海上守護神としても有名です。

また、『梁塵秘抄《りょうじんひしょう》』（注5）に「関より西なるいくさ神、一品中山《いっぽんちゅうさん》、安芸なる厳島」とあり、軍神の神格も備えます。平清盛の熱烈な信仰により、朝廷からも篤《あつ》く信仰されました。

御祭神の市杵島姫命《いちきしまひめのみこと》は弁財天と習合（注6）し、音曲の守護神としても信仰を集めています。

【主な御祭神】

市杵島姫命、田心姫命《たごりひめのみこと》、湍津姫命《たぎつひめのみこと》

住吉《すみよし》信仰

住吉大社が総本社。神話では、住吉神は黄泉国《よもつくに》から脱出した伊邪那岐命《いざなぎのみこと》が、筑紫《つくし》の日向《ひむか》の橘の小戸《おど》で禊《みそぎ》をしたときに誕生したと伝わります。神功皇后の朝鮮半島出兵に際して、住吉神が航海を守護し、凱旋ののち、現在の住吉大社の地にお祀りされました。

筑前《ちくぜん》・壱岐《いき》・対馬《つしま》・長門《ながと》にも住吉神社の古社があり、いずれも海辺に鎮座し、禊の神であると同時に、漁業神としても信仰されています。

【主な御祭神】

底筒男命《そこつつおのみこと》、中筒男命《なかつつおのみこと》、表筒男命《うわつつおのみこと》、神功皇后（息長帯比売命）

天神《てんじん》信仰

天神とは、天津神《あまつかみ》（天上界の神）という意味ですが、天満宮の御祭神、菅《すが》原道真《わらのみちざね》公が「天神中の天神」と信仰され、一般的に、天神といえば道真公を指す名称となりました。

道真公は、宇多天皇《うだてんのう》に抜擢され右大臣となりますが、藤原時平の讒言《ざんげん》で大宰府に左遷され、その地で没しました。死後、都で不幸が続き、道真公の怨霊が原因と考えられ、その魂を鎮めるため、太宰府天満宮や北野天満宮が創建されました。

道真公が有能な学者であったことから、学業の守護神として信仰を集めています。

【御祭神】

菅原道真公

恵比寿《えびす》信仰

「夷」「戎」とも表記されます。いずれも異国や異人を意味し、恵比寿とは、常世《とこよ》（注7）から禍福をもたらす漂着神です。

恵比寿信仰の総本社としては、兵庫県の西宮神社《にしのみやじんじゃ》、島根県の美保神社が知られています。前者は蛭子大神《ひるこのおおかみ》が御祭神で市場の守護神、後者は事代主神《ことしろぬしのかみ》が御祭神で漁業の守護神として信仰されています。

また、七福神の一神で、大国天《だいこくてん》とともに福神として有名。釣り竿を持ち、鯛を抱えた福々しい姿の御神像で親しまれています。

【主な御祭神】

事代主神、蛭子大神

稲荷《いなり》信仰

伏見稲荷大社《ふしみいなりたいしゃ》が総本社。同大社について、『山城国風土記《やましろのくにふどき》』逸文《いつぶん》には、その昔、秦伊呂具《はたのいろぐ》が弓矢で餅の的を射ようとすると、餅が白鳥となって飛び去り、舞降りた山の峰に稲が成り、その地に神社を創建したと伝えられています。この「稲成り」の物語が、神社名の起こりです。

ちなみに、「お稲荷さん」といえば狐をイメージしますが、狐が稲荷神なのではなく、その神使《つかわしめ》が狐です。現在では、商売繁盛の神として有名。

【主な御祭神】

宇迦之御魂神《うがのみたまのかみ》、保食神《うけもちのかみ》、豊宇気毘売神《とようけのひめのかみ》

熊野《くまの》信仰

和歌山県の、熊野三山と呼ばれる神社を中心とする信仰。まず、三山の中心となる熊野本宮大社《くまのほんぐうたいしゃ》は、食物神の家《け》津御子大神《つみこのおおかみ》をお祀りしています。熊野新宮大社は速玉之男大神《はやたまのおのおおかみ》をお祀りし、通称、新宮《にいみや》と呼ばれています。熊野那《な》智大社《ちたいしゃ》は那智の滝を御神体として、熊《くま》野夫須美大神《のふすみのおおかみ》をお祀りしています。

歴史的に本宮は阿弥陀如来、新宮は薬師如来、那智は千手観音と結びつき、「生命」の救済を約束する神として信仰されてきました。平安時代中期以降、「蟻の熊野詣」とも称されるように、多くの貴賤が参詣しました。

【主な御祭神】

家津御子大神（素戔嗚尊《すさのおのみこと》）、速玉之男大神（伊邪那岐神）、熊野夫須美大神（伊邪那美神）

祇園《ぎおん》信仰

京都府の八坂神社《やさかじんじゃ》（注8）が総本社。神仏習合時代、御祭神の素戔嗚尊は、インドの祇園精舎《ぎおんしょうじゃ》の守護神と陰陽道の神が習合した牛頭天王《ごずてんのう》と同体とされ、病気を司る行疫神《ぎょうえきじん》でした。そのため、牛頭天王を丁重にお祀りすれば、疫病退散の御神徳が発揮されるとして、信仰されました。

平安時代、人々に災疫をもたらす御《ご》霊《りょう》（注9）を慰めて、祓《はら》い去ることを目的に始まった祇園御霊会《ごりょうえ》は、現在「祇園祭」と呼ばれ、京都に夏の訪れを告げる風物詩となっています。

【主な御祭神】
素戔嗚尊、櫛稲田姫命《くしいなだひめのみこと》

また、ご紹介した全国的な神社信仰のほかに、広島県内では、次のような神社がたくさんお祀りされています。

吉備津神社《きびつじんじゃ》

崇神天皇《すじんてんのう》の御代、四道将軍《しどうしょうぐん》（注10）の一人として吉備地方を平定した、吉《き》備津彦命《びつひこのみこと》を御祭神とする神社。温羅《うら》という鬼を退治したという伝承がある吉備津彦命は、童話「桃太郎」のモデルとして親しまれています。

岡山県の吉備津神社や吉備津彦神社、広島県福山市の吉備津神社などが有名で、吉備地方（備前・備中・備後）を中心に信仰が広がっています。広島県東部に多く鎮座する艮神社《うしとらじんじゃ》も、吉備津彦命を御祭神とする場合が多いです。

【御祭神】
大吉備津彦命《おおきびつひこのみこと》

大年《おおとし》（歳）神社《じんじゃ》

御祭神の大年神《おおとしのかみ》（大歳神）は、その御子神である御年神《みとしのかみ》（御歳神）とともに、穀物の守護神とされます。大年（歳）神社は、広島県内では旧佐伯郡、旧山県郡に集中し、その多くは御年神や若《わか》年神《としのかみ》とともにお祀りされています。

【主な御祭神】
大年神、御年神

さらに、本書でご紹介した神社には、広島ならではの神様を御祭神とする神社があります。

例えば、速谷神社《はやたにじんじゃ》では、古代安芸国の政治を担っていた阿岐国造《あきのくにのみやつこ》（飽速玉《あきはやたま》男命《おのみこと》）を御祭神としています。また、広島東照宮では江戸幕府を開いた徳川家康公をお祀りしていますが、広島東照宮を創建した広島藩主、浅野光晟《あさのみつあきら》にとって、家康公は実の祖父にあたります。そして、饒津神社《にぎつじんじゃ》は広島藩主、浅野家の初代・浅野長政命《あさのながまさのみこと》を主な御祭神としています。

さらに、護国神社や招魂社《しょうこんしゃ》と呼ばれる神社では、幕末から先の大戦まで国のために尊い命を犠牲にされた英霊《えいれい》（軍人をはじめ、国家公共に尽くして殉じた方々）を、神様としてお祀りしています。ちなみに備後護國神社（元阿部神社）では、福山藩主、阿部家の遠祖《えんそ》・大彦命《おおひこのみこと》もお祀りしています。

いずれも、世の中に安寧をもたらし、広島に住む人々の生活と産業の基礎を固めた功績のある神様を、ゆかりのある方々がお祀りし、篤い崇敬を受けている神社です。

【主要参考文献】
岡田米夫『神社』（東京堂出版、昭和52年）
広島県神社庁編『広島県神社誌』（松林堂、平成6年）
國學院大學日本文化研究所編『縮刷版 神道事典』（弘文堂、平成11年）
三橋健・白山芳太郎編『日本神さま事典』（大法輪閣、平成17年）

【注】

注1 **柱**／神様の数え方は「柱」を用いる。

注2 **宗廟**／皇室の祖先をお祀りした社《やしろ》。

注3 **神武東征**／神日本磐余彦命《かむやまといわれびこのみこと》（神《じん》武天皇《むてんのう》）が天下を平定するため、日向から東に向かって軍勢を進め、大和に至り、橿原《かしはらの》宮《みや》で初代天皇として即位した一連の事跡。

注4 **玉依媛と丹塗矢との神婚**／『山城国風土記』逸文によると、玉依媛命が賀茂川の上流から流れついた丹塗りの矢を床辺に置いたところ、懐妊し、賀茂別雷命が誕生したと伝えられている。

注5 **『梁塵秘抄』**／平安時代末期に、後白河法皇が編纂した歌謡集。

注6 **習合**／本来は別個の神や仏が融合・合体すること。

注7 **常世**／海の彼方にあるとされる、不老不死の世界。死者の世界である黄泉《よみ》の国も常世に含まれる。

注8 **八坂神社**／江戸時代まで祇園社と称しており、一般的には祇園信仰といわれている。

注9 **御霊**／社会的に広範囲の人々に災疫をもたらす霊鬼《れいき》的存在。牛頭天王も御霊に含まれ、御霊を鎮めることで平穏を回復し、ひいては繁栄が実現する。御霊会《ごりょうえ》は、御霊を慰和《いわ》（鎮めること）・遷却《せんきゃく》する儀礼。

注10 **四道将軍**／崇神天皇の御代に全国平定のため、北陸、東海、西道、丹波に派遣された皇族将軍。

広島県青年神職会　創立70周年
記念誌編集委員長
瀬戸《せと》 一樹《かずき》

激動の時代を乗り越えた神社の軌跡

広島県青年神職会創立70周年の節目にあたり、久保田峻司会長から「戦前の神社の写真を集めて写真集が作りたい。それを君に担当してもらいたい」と依頼を受けたのが、令和５（２０２３）年の春。当会は戦後まもなく、原爆の直接的な被害を免れた宇品の神田神社で産声を上げました。会長の奉務神社も、原爆から見事に復興した神社です。入会当初から会長とさまざまな活動をご一緒させていただきましたので、会長の原爆と神社に対する想いはよくわかっているつもりです。「自分にできることがあるなら、力になりたい」という一心で、当写真集の編集委員長をお引き受けしました。

当初、原爆の被害を受けた地域には古写真は残っていないのではないか、と不安でしたが、県内の神社に提供を呼びかけるとともに、実際に神社に参拝し古写真の有無を調査、併せて県内外の図書館等の所蔵写真をも調査したところ、被爆地域のみならず県内各地の神社の古写真が集まり、その数は１００社を超えました。

集まった写真を一枚一枚ながめると、

- 撮影された当時の世情が映し出されているもの
- 戦地に赴いた郷土の仲間の無事を祈る集団参拝
- 戦時中、物資不足で供出された銅像の神馬との送別会
- 服装こそ違えど、現代に撮影した写真と変わらない情景
- 神前での結婚式
- 神楽や御神輿《みこし》、毎年恒例の祭礼、など

神社は、その時代を一生懸命に生きた人々の真剣な祈りの場であり、日々の営みと切り離すことのできない存在であることが浮かび上がってきました。そして、先の戦争で被害を受けた神社も地域の人々の信仰の力によって復興し、戦禍を免れた神社も、永い年月、風雨によって痛み損なわれた社殿を、地域の人々が維持・管理されてきたからこそ、現在もその御姿を拝することができるのです。

当写真集の編集を通して、神社はいつの時代であっても人々の「心のよりどころ」なのだと実感いたしました。本書が多くの皆さまのお手元に届き、激動の時代を乗り越えた広島の神社の奇跡、そして歴史を味わっていただける一書となることを願ってやみません。

最後に本書を発行するにあたり、古写真をご提供くださった県内神社の宮司・氏子《うじこ》総代、研究調査にお力添えをいただいた神社本庁・広島県神社庁、また発行・編集作業をお引き受けくださった図書出版 南々社の西元俊典氏・本永鈴枝氏、そして厖大な画像データを管理し、出版社との数えきれない打ち合わせをこなしてくれた当会の池田憲明事務局長に感謝を申し上げます。

ありがとうございました。

広島県青年神職会

広島県内40歳以下の神職の集まりで、現在約70名が在籍しています。

戦禍によって遅れていた第59回神宮式年遷宮の再興を契機として、昭和28（1953）年、広島市南区の神田神社にて、当時の青年神職たちが会を立ち上げました。

会員相互の研鑽と親睦を図ること、神社神道の興隆を目的とし、研修会や交流会、教化などの活動を行っています。

会長	久保田　峻司	理事	齋木　和彦
副会長	伊達　正泰	理事	巻幡　高宗
副会長	瀬戸　一樹（記念誌編集委員長）	理事	目黒　雄一朗
副会長	湯浅　昌彦	理事	所　瑠璃
事務局長	池田　憲明	理事	松井　真司
理事	松原　愛氣（記念事業実行委員長）	理事	河野　太郎
理事	廣瀬　紋佳	監事	内田　久紀
理事	福田　智三	監事	小田　真矢

□装　　幀　スタジオギブ
□本文DTP　大原 剛　角屋 克博
□編　　集　本永 鈴枝　末廣 有美　橋口 環

本書の編集にあたり、貴重な資料のご提供をいただきました皆さまに、厚く御礼を申し上げます。

広島県青年神職会 創立70周年記念誌

写真でみる広島の神社

令和6（2024）年11月8日　初版第1刷発行

編　　著　広島県青年神職会
発 行 者　西元 俊典
発 行 所　有限会社 南々社
〒732-0048　広島市東区山根町27-2
TEL 082-261-8243　FAX 082-261-8647
印刷製本所　クリエイティブ事業部ラック 有限会社

ISBN978-4-86489-173-8